Collected Poems
1983-2010

Sergey Zemtsov

iUniverse, Inc.
Bloomington

Collected Poems, 1983-2010

iUniverse books may be ordered through booksellers or by contacting:

iUniverse
1663 Liberty Drive
Bloomington, IN 47403
www.iuniverse.com
1-800-Authors (1-800-288-4677)

ISBN: 978-1-4502-9463-8 (pbk)

Library of Congress Control Number: 2011921568

Printed in the United States of America

iUniverse rev. date: 1/25/2011

Information about Author.

Sergey Zemtsov was born in Russia in 1957 in the city of Stalinsk (Novokuznetsk) in Siberia. Relocated to the city of Novosibirsk in 1972 and lived in the cities of Novosibirsk, Omsk and Yekaterinburg until 1998 then immigrated to Israel. He lives in Toronto, Canada since 2006 until present.

Professionally educated mathematician and internationally trained software engineer graduated from Yekaterinburg State University.

Author of poems and verse published previously in Russia and Israel. This is first publication in North America.

Preface by Alexander Rozhkov, Novosibirsk, Russia.

С. Земцов профессиональный программист и математик. Свои первые поэтические опыты начал с переводов на русский язык лучших образцов англоязычной рок поэзии. В его переводах психоделические и сюрреалистические тексты Pink Floyd, King Crimson, Genesis стали более доступны слабым в английском языке любителям рок музыки в новосибирском Академгородке. Впоследствии, начав писать собственные стихи, С. Земцов обнаружил незаурядную способность к аутентичному поэтическому творчеству. Как поэт лирический и экзистенциальный, он нашел свой метод поэтического вопрошания и диалога посредством необычайно естественных форм русского языка. Внутренняя ритмика и музыкальность приближается то к разговорному языку улиц, то к языку философских или научных трактатов. В тоже время органично вплетена социальная проблематика - перед нами предстает то мрачная картина постсоветской эпохи... или обратная сторона глобализации - С. Земцов как бы разыгрывает поэтический диалог с персонифицированными символами социальных зол. В игровой (и ироничной) манере он привлекает культурную (и культовую) символику прошедших эпох, а также интеллектуальные изваяния 20 века, вызывая сильнейшее экзистенциальное напряжение, направленное на последние истины бытия.

Illustrations by Vladimir Barsukov, Saint Petersburg, Russia.

Acknowledgements

To my grandmother, parents, brother, son, grandson, wife and friends.

Sergey Zemtsov, Toronto, Ontario, Canada

Хей, бульдог!
Пока что ты
Еще щенок,
Но скоро вырастешь
И станешь
Злым и страшным.

Хей, бульдог!
Сколько бродяг
Тебе придется искусать
Лишь для того, чтоб
Лишний раз понять,
Что у людей под кожей мясо,
А мясо на костях растет.

Хей, бульдог!
Почуяв грязных ног следы,
Вперед помчишься смело,
Лишь для того, чтобы
Вцепиться зубами в тело,
В нарывы раны
Спустить слюну.

Хей, бульдог!
Когда-нибудь
Ты станешь старым,
Жалким,
Слепым и лишним.
Взведет курок
Улыбчивый хозяин.

Хей, бульдог!
С кровавой лентой на хребте
Ты пробежишь последний метр
И упадешь, И сдохнешь,
И брякнет глухо череп,
Вмещавший долгие года
Программу гонок до упада.

ШЛАК

Головная боль плещет через край.
Я не хочу быть злым:
Но я не выношу гадость.

Я знаю: не существует рай,
Не бывает праздным
Ощущение радости.

Душевный мрак
темен.
Остывает
шлак в нем.

Сидя в цивилизованной глуши,
Под допингом умеренных возлияний
Сочиняют ученейшие мужи
Трактаты о формах душевных излияний.

Они набили руку...
Долой их науку!

Сидя по горло в дерьме,
Делая вид, что им сухо там,
Развлекаются игрой в буриме
Авторы культурных программ.

Они расплодились густо...
Долой их искусство!

Голос духа ясно слышу:
"Внутренним огнем
Воспламенись, прошу,
И сияй так день за днем!"

* * *

Чтобы одолеть врагов,
Я хочу глубокой ночью
Переплыть глубокий ров
И увидеть все воочию.

Я хочу любить.
Головой стену не пробить.
Я хочу наслаждаться красотой.
Стену не пробить головой.
Я хочу открывать истину.
Не пробить головой стену.

Чтобы стало мне теплей,
Я хочу задеть рукой
На холсте картины древней
Грудь красавицы нагой.

Я хочу быть мудрым.
Кругом морозный дым.
Я хочу всех одарить добром.
Морозный дым кругом.
Я хочу быть грозным.
Дым кругом морозный.

Чтобы не бояться смерти,
Я хочу забыть о ней
И гармонию проверить тем,
Что в жизни всего больней.

* * *

Никто не прощает тебе измены,
Грязная партийная собака!
Сгорбившись от страха,
Ты косишься на прах,
Сожженный в печах
И замурованный в красные стены!
Твое мышление
Не знает палящего зноя
Сомнения.
Тебе, кто живет, забившись в нору,
Мало,
Выстраданного другими на тюремных нарах
Идеала.
Ты готов на любое
Преступление,
Ради собственного покоя.
В чем же корни твоего нигилизма?
Ты подавлен буйным размахом
"зрелого" "реального" социализма?
Ужасы кризиса капитализма
Искушенно и со смаком
Ты предаешь гласности.

Ты не видишь опасности
На деле стать скотом,
Прославляющим свое стойло,
Где любое заграничное пойло
Ты вливаешь в пищевод,
Как в мусоропровод,
В свой поганый живот...
Льется, льется поток тонизирующих вод!
Смеется, смеется критик, кривя гниющий рот!
Истину давно уже не ищут на небесах.
Помертвев от страха,
Глотая скрежет, застрявший в зубах,
Ты знаешь: в жизни все, всего лишь, прах.
Кому-то кусок сладкого пирога.
Кому-то свидетельство из морга.
Кто-то долю оттяпал.
Кто-то донос состряпал.
Кто-то много ночей не спал...
Смеется, смеется критик,
Кривя гниющего рта оскал...

* * *

Я стал свидетелем
Новых веяний
В этой стране.
В радиопередачах и телепрограммах
Вдруг
Редакторы молодежных изданий
Расширяют интересов своих
Круг.
Вы, очевидно, прочно забыли
Как не так давно вы вопили
О гибели
Искусства.
Откуда же у вас появились
В изобилии
Чувства
Теперь, когда его убили.
Тем, кому верил он,
С пластикового диска
Колокольный звон
И сегодня бьет в виски.
Вы, обычно, поступаете
По-другому.
В этой стране,
С серпом и молотом
На фасаде,
Таких, как он,
Вы тихо загоняете
В сумасшедший дом.

Я не верю в трескучие
Постановления
О дальнейшем усилении
Морального давления
Общества на личность.
Ведь, отрабатывая бездарные методы
Идейно-воспитательной работы,
Получая гонорары за труды,
Таким как он, вы затыкаете рты,
И этим кичитесь.

Тем, кому верил он,
С пластикового диска
Колокольный звон
И сегодня бьет в виски.

* * *

Яркое небесное светило
Еще долго будет восходить над землей.
Но и оно иссякнет, как и мы с тобой.
Солнце тоже теряет силы.

Ледяными торосами
Покроется планета.
Ты устал задавать вопросы,
Я устал давать ответы.

Никого не спасет любви искусственное изобилие.
И жизнь имеет приторный вкус,
Если злой змеи укус
Не разрушает выдуманной или внушенной идиллии.

Наша телесная оболочка окаменеет.
Под материковыми льдами.
Пока солнце новое ее вновь не обогреет,
Будет распадаться веками.

Но потомкам духовной плоти
Я говорю: "Вы не умрете!
Даже, если погаснет солнце,
Держись, сынок, молодцом!"

Из тех, кто не свернет с дороги безумной,
Никто не будет обижен судьбой.
И не унесет в могилу с собой
Золотые подарки души разумной.

* * *

Сидя в оффисе чугунном,
Электронных чудищ вождь
Собирает в бак латунный
Теплый инфракрасный дождь.

Собираясь смыть позор
Неблагоразумных дел,
В колбе он развел раствор
Из солей небесных тел.

Выключив конвейр жужжащий,
Он дрожащею рукой
Смел с планеты пух легчайший
И посеял мох лесной.

Глядя в стереотрубу,
Он построил через пропасть мост,
Принимая за судьбу
Иррациональной дроби хвост.

Но, помножив звездный круг
На сверхдальний параллакс,
Он, заламывая руки,
Разрыдался, как дурак.

* * *

Не хочу разрисовывать им плакаты
На темы неуклонного роста
Расширенного производства
И прогрессивных форм трудовой оплаты.

    Я красный бархат обдираю со стены,
    Сегодня я никого не принимаю.

    Я красный бархат обдираю со стены,
    Сегодня я никого не уважаю.

Я не хочу решать личные проблемы
Под руководством партийных боссов.
Меня тошнит от грязных отбросов
Современной политической системы.

    Я красный бархат обдираю со стены,
    Сегодня я никого не принимаю.

    Я красный бархат обдираю со стены,
    Сегодня я никого не уважаю.

* * *

На грани черных мыслей
И белоснежных слов
Мне стали ненавистны
Надежда и любовь

Врываются в мой сон кошмары об убийстве
На грани слов и мыслей
Смысл есть лишь в шутовстве
Мне отравляют сон кошмары о родстве

Сжимается пружина
Карьеры ненавистной
На грани слов и мыслей
Злой символ грязной лжи

Без веры и без страха
В сутолоке серых дней
Я жду начала краха
Ненужных слов и мыслей

На грани слов и мыслей
Как факел вспыхнет боль
И лучший из друзей
Приложит к ране соль

Рождается любовь
На грани слов и мыслей
И худший из врагов
Встречает у дверей

САМОВОСХВАЛЕНИЕ СОЛНЕЧНОГО ЛУЧА

Я солнечный луч.
Я бог летучий.
Я на планете зажигаю жизнь.
Я солнечный луч.
Я бог летучий.
Я в океанах растворяю льды.
Я солнечный луч.
Я бог летучий.
Я в морской планктон вдуваю озон.
Я солнечный луч.
Я бог летучий.
Я в густой листве согреваю обезьян.
Я солнечный луч.
Я бог летучий.
Я в горной пустыне
скалы превращу в пески.
Я солнечный луч.
Я бог летучий.
Я в морской пучине
вскрою в базальте вулкан.
Я солнечный луч.
Я бог летучий.
Я в жарких тропиках
смою ливнем хижины.
Я солнечный луч.
Я бог летучий.
Я в северных странах
градом разрушу дома.

САМООСУЖДЕНИЕ ВРАГА НАРОДА

Я умалишенный среди красных знамен.
Я охраняю память убитых отщепенцев.
Я умалишенный среди красных знамен.
Я позволяю детям в школах заучивать ложь.
Я умалишенный среди красных знамен.
Я разрешаю людям дарить живые цветы.

***

Хей, хирург!
Вскрой мое тело.
Кровью залей
Простыню белую.
Вырежь мне гланды.
Вырежь мне рак.
Только не лги,
Что я дурак.
Хей, психиатр!
Дай мне таблетки.
Слюни мне вытри
Белой салфеткой.
В кровь мне введи
Серу и бром,
Только не лги,
Что я слаб умом.

* * *

О, цветной телевизор,
Как Тебя я хочу!
Я в кредит за Тебя заплачу,
И пойду на прием к врачу.
Я возьму себе на весь день
Для Тебя бюллетень.
В сеть электрическую Тебя включу.
Ручки настройки Твои подкручу.
Я от радости закричу.
Я от гордости захохочу.
О, цветной телевизор,
Как Тебя я хочу!

* * *

Начинается карантин.
Я остался совсем один.

Ты имеешь право на труд.
Я имею право на бред.

Жизнь хороша.
Ненавижу ВПШ.

      Не угнаться мне за спецкором,
      Активистом ВЦСПС,
      Но с друзьями я крикну хором:
      "Слава! Слава КПСС!"

      И когда я больной и старый
      Притащусь на прием в СОБЕС,
      Закричу в сумасшедшем угаре:
      "Слава! Слава КПСС!"

      И, скрываясь от киногероя,
      Побегу я в девственный лес,
      И, украв мед пчелиного роя,
      Гаркну: "Слава КПСС!"

Жизнь хороша.
Ненавижу ВПШ.

Ты имеешь право на труд.
Я имею право на бред.

Начинается карантин.
Я остался совсем один.

* * *

Счет чисел бесцветных
На пальцах рук или на машине сверхбыстрой
Скукой своей раздражает многих смертных,
Лишь для немногих открывает смысл науки чистой.

　　Цепи серых буден
　　Не запоминаются нисколько.
　　Я вижу, что путь этот труден
　　И что расплата может оказаться горькой.

Ярких красок пятна
На грунтованной плоскости доски
Всем кажутся более или менее занятными,
Лишь у немногих разрывают душу на куски.

　　Цепи серых буден
　　Не запоминаются нисколько.
　　Я вижу, что путь этот труден
　　И что расплата может оказаться горькой.

ОПРЕДЕЛЕНИЕ СЧАСТЬЯ

Ночью комета влетела в окно.
И, падая, хвостатый сбросив шлейф,
Газа благородного сладкий кейф,
Врезалась в самое глазное дно.

И я вдруг сразу стал смелым
Как галактический гость.
И бросился утром белым
Как пес за костью

      Искать определение счастья.

Корни диких цветов оплели мой внутренний мир,
Вывернутый перед телескопом наизнанку.
Мой внутренний мир - смотрите - как в тире,
Где за попадание платят по звонку.

Звонок за меткий выстрел
Это стимул к преодолению стресса.
Я свободно читаю чужие мысли
Как текущую прессу.

Я ищу на свой вопрос ответ.
Я голодный и бездомный пес.
Куда пропала хвостатая комета?
Почему в глазах моих не осталось слез?

***

Я так хочу,
Чтобы отверзлась
Моя память,
И вниз упал
Звездный купол.

И в этой пропасти
Звезды летели,
Удараясь о
Древние скалы -
Сколы юности,
Тонко звенели,
Задевая за
Детства кристаллы.

* * *

В черном доме где копится черная злость
Черной собаке бросили черную кость
Черные люди на черном снегу
Черные слюни плюют на бегу
Черный прожектор над черным бараком
Черные трупы укрыл черным мраком

* * *

Ты черная дыра
В моем биополе.
И, попав в самый центр,
Я лишился воли.
Я стал монстром.
Я не чувствовал боль.
Я открыл иные миры.
Ты тяжесть
от которой холодно,
Когда я иду на дно.
Ты тяжесть
от которой жарко,
Когда я всплываю.
Я без тебя погибаю.

* * *

Папа Карло любил ходить с шарманкой по улицам узким
Папа Карло любил играть веселые марши и вальсы
Папа Карло мечтал любить женщину с грустной улыбкой
Папа Карло мечтал иметь доброго умного сына

Папа Карло
Потерял давно
Заколдованный ключ
От закрытых дверей
Своей души...

Папа Карло
Опустился на дно...

Он сыт по горло
Сказками о радостном дне...

Он ненавидит сильных
И презирает слабых...

Папа Карло знает
Как дешево стоит
Любовь и мечта...

Он существует
Не открывая рта...

* * *

Применяя к себе
Обратный метод

Исключая плюс
Включая минус

Стягивая все
Мысли в точку

Я нахожу элементы свободы
Я дышу чистым воздухом гор

Но отдавая дань пресловутой моде
Я понимаю что все это
Только лишь привычка к игре
Только лишь запах дерьма
Сладкий запах дерьма

Доставая из погреба
Мрачные книги

Двигаясь в сети
Неформальных связей

Собирая в кулак
Жизненный опыт

Я понимаю что когда-то умру
Я слышу голос
"Хей, дирижер, ты по горло в дерьме"

Я не хочу
Это терпеть
С меня вполне довольно
Я хочу умереть
Это совсем не больно

* * *

Я счетная машина
Я честно извлекаю
Из двух квадратный корень
И я не понимаю
Того что происходит
На произвольном шаге
Я ненавижу счастье
Построенное вами
На зависти и страхе
Мне кажется
Что боги
Разрушили устои
Привычного порядка
И я не понимаю
Ни цели и ни смысла
Мелькающего мира

Ты поджег меня
Я твоя сигарета
Что со мной ты сделал?
Я сошла с ума
В твоих руках я превращаюсь
В пепел дым огонь и свет
Я сумасшедшая сигарета
Я превращаюсь
В огненный знак
Что меня ждет?
Свет или мрак?
Как узнать законы
По которым следует жить?
Где найти пророка
Предсказавшего бы
Кто твой враг?

* * *

Светлое солнце и чистый эфир
Пахнут гарью атомных чар
Бритый затылок копит свой жир
Булавка в щеке новый товар

Перед красными стенами ниц
Падает бабка с крестом на шнурке
Символом чуда кажется щприц
Рвутся жилы на бритом виске

В лапах свиньи горсть порошка
Может семь тысяч свиней накормить
Тем кто цветы достает из мешка
Негде своих мертвецов хоронить

Гонит стан прокатный металл
Потом воняет бумага с гербом
Купит билет на карнавал
Еве Адам щелкнув ребром

В спешке рожать сына и дочь
Лягут в постель волк и овца
Дух Святой не сможет помочь
Им остался час до конца

Ладони вверх к холодным губам
Два шага назад к последней стене
Любовь и фашизм во сне пополам
Лунный свет в грязном окне

Выйдет во двор с новой игрой
Мальчик живущий тем что грядет
День начиная детской войной
В ворохе ветоши знамя найдет

* * *

лежа в измятой постели все утро
думая о больших деньгах
слушая каждый день
речи душевнобольных
я понимаю что жизнь
есть пустая уловка
тех кто не может подохнуть

призраки старых тревог
мечутся по шоссе

где-то живет дядюшка Джонни
он напивается виски на доллар
а у меня нет на водку червонца
я никогда не куплю машину
я никогда не найму шофера
я никогда не стану министром
я не открою законы природы
я не отдам жизнь за отчизну

призраки детской дружбы
рыщут в городах больших
криво сгибают губы
скалят желтые зубы
радуются фальшиво
умирают красиво

призраки новых надежд
мечутся по шоссе

в снежном городе много беды
нет никого кто узнал бы звезду
глаз, раскрывающий путь сквозь леса,
сможет спасти тех лишь кто весел
нужно учиться блевать на власть
нужно учиться играть в новый мир
сонный ангел снежной пустыни
благословит этот выбор пути
блестки алмазных мгновений гаснут
я замерзаю в разбитом строю

свинцовое небо над бетонной тайгой
со свинцовой душой
в поисках свободы
я шагаю сквозь строй
одиноких людей
стариков и детей
господ и лакеев

в черных газетах маски без глаз
под соусом гласность
все идет в дело которого нет
всюду шорох черных газет
страшно
что нет
нигде
любви

верно ли то, что ты лучше чем я?
выучи ход из учебника шахмат
выучи мысль из собрания писем
все пригодится для перестройки

те, кто болен веселой болезнью
шизофренией - тебе не друзья
ты не захочешь, чтоб тебя раздели
дали мыло и не дали пива
ты не захочешь чтоб тебя укололи
дали каши и не дали вилку
верно ли то, что ты лучше чем я?
верный семье молодой человек
в белом костюме и в черных перчатках
черный пророк черных поэтов
истинно ли то, во что веришь?
белый оскал снежного города
кажется мне улыбкой невесты
кажется что я никогда не сходил с ума
дайте больному
микстуру с сиропом
пусть не мечтает
о кокаине

верно разлука нужна нам обоим
помни, что лето отличный сезон
тех, кто сумеет дожить до весны
выплюнув жвачку беды
встань в полный рост
вместо меня
верно когда-нибудь мы будем вместе
будет так тихо
что нам станет слышно
пение сосен и снежного ветра
я сумасшедший среди красных знамен
я сумасшедший среди красных портретов
прощай

* * *

Лежа у берега Черного моря,
Слушая волн штормовые раскаты,
Глядя на радуг тайный узор,
Я богу приписывал черные предикаты.

И думал о магической воле,
Противостоящей силам абсурда,
И о том, что когда-то в школе,
Я был предан коммунистическому труду.

У этой огромной страны
Есть возраст и есть длина,
Но нет у нее души,
И нет у нее ума.

Нас гонит к морским берегам паранойя.
Мы встаем и слушаем стоя
Белые фуги прибоя
И ненавидим СОВДЕП...

Мы видим как вы напуганы крахом,
Но, отягощенные собственным прахом,
Идете смотреть с любопытством и страхом
На падаль в кремлевский склеп...

Я хочу стать бешенной пулей
И рисковать ради цели святой.
Я не хочу быть жирной пчелой
И мед собирать в ваш теплый улей.

Я верю в талант
Моего террориста.
Он мной застрелит
Гадину коммуниста.

Нам не нужны
Ваши цитаты,
Доклады, трактаты,
Скандалы и ссоры,
Адвокаты и прокуроры...
Факты и имена...

Нам не нужны
Ваши советы,
Рецепты, анкеты,
Бланки и формы,
Тарифы и нормы...
Звезды и ордена...

Я так не хочу сойти с ума
Среди ваших тотальных законов...
У нищих духом легионов
Горчит от падали слюна.

Вы все молились на скрижали,
Как псы на нас держали стойку,
О славе лгали нам,... прозрели...,
Перстом партийным начертали
Слово новое: перестройка.

Я так не хотел сходить с ума,
И с радостью принял, Бог мой,
Новый регламент твой
На старые ордена.

Звезды героев падают вниз
И с ними вместе мой приз.
Я встаю и слушаю стоя
Странный скрипичный каприз.

Я так не хочу сойти с ума...
Вставай, страна огромная,
На священную реанимацию социума,
На дне которого я!

Бог любит тех, кто любит Бога.
Но достоин ли сам Бог моей любви?
Я генератор изнуренного слога...
Видимо грех у меня в крови...

Какой же я
Сумасшедший,
Если я вижу
И понимаю?

Какая же я
Сумасшедшая,
Если люблю
И страдаю?

Я люблю солнце
За то, что можно
Укрыться в тени...

Я люблю ночи,
За то, что можно
Ждать вместо них дни...

Делая то, что можно понять,
Зная то, о чем нужно забыть,
Я был рад поводу быть
И жизнь стремился принять.

Чувствуя то, что нельзя сказать,
Я вспоминал свои тайные сны,
И зимний ночлег собирался искать,
Чтобы дождаться новой весны.

Я открываю тайны миров,
Скрытые от детей.
И собираю осколки снов
В зеркало будущих дней.

* * *

У четырех с четвертой статьей
Есть свой четырехместный дом.
И каждый вечер в доме том
Они пьют свой кайфовый чай.

Сильные чувства к ним
Приходят по ночам.
Им нужно все то же, что нам,
Но я завидую им.

Четверо с четвертой статьей
Не любят ходить по врачам.
Они довольны судьбой
На зависть всем стукачам.

Четверо с четвертой статьей
Спорят друг с другом всю ночь.
Прогнать бы их подальше прочь!...
Сравнять бы их дом с землей!...

Но четверо с четвертой статьей
Знают чего хотят.
Они для того не спят,
Чтобы любоваться луной.

Четверо с четвертой статьей
Обещают друг другу покой.
И зовут за собой
Детей, отставших от стай.

Я обожаю свой HI-FI
И по ночам мне хочется петь,
Но я боюсь умереть
И так и не понять их рай.

У четырех с четвертой статьей
Есть тайные мечты:

Дарить друг другу цветы,
Дышать горной травой,

И говорить всем людям "ты",
Даже тем, кто раньше гнал их прочь,

Но часто в глазах у них ночь,
Завеса пустоты...

НОЧНОЙ ТОРГОВЕЦ

Я коммерсант...
Скоро иссякнет заката зловещий оскал,
Но я останусь работать в этом квартале
Газовых ламп...

Газ в моих лампах опасен,
Он ядовит,
Но прекрасен,
Тем, что надежно укрыт.

    Славный театр, моя лавка ночная!

Модный поэт в романе сверхмодном
Вскрывает пороки лучших друзей,
И, говорят, гораздо забавней,
Чем делал в романе прошлогоднем.

Стихи его стали свежее, чем прежде,
Когда он сбывал их весьма остроумно,
Как сборник цитат известной фирме
Для этикеток на летней одежде.

Здесь есть и новинки тоталитаризма!
Издание вывезено из Совдепа.
И это последняя песня поэта.
Недавно он умер от алкоголизма.

    Славный театр, моя лавка ночная!

Я коммерсант...
Я культивирую взгляд бескорыстный,
Спонтанный и универсальный,
И ассортимент...

Я умею снимать нервный стресс
И не страдаю психозом.
Слава тебе, мой фюрер, Гермес,
И твоим метаморфозам!

Славный театр, моя лавка ночная!

Имеется все для дискотек.
И в том числе soundtrack
Недавно ушедших от нас раньше срока
Звезд прогрессивного рока.

Мы все рады снова услышать их голос.
Толпа обожает звездные гимны.
Элита всегда принимала всерьез
Лирику, сочиненную ими.

Здесь есть образец для любителей соло
Из коммунистической Европы!
Они все там любят танцы non-stop,
Но есть и любители rock'n'roll'а.

Славный театр, моя лавка ночная!

Здесь есть портрет генерала с усами
Эпохи застоя в Империи Зла!
Его купил дипломат у вокзала
У юноши с длинными волосами.

На этом бессмертном полотне
Ваши мечты в ослепительной рамке.
Воистину, гений достоин огранки,
Если доступен по сходной цене.

Вложите деньги в миниатюру,
Они сохраняться надежней, чем в банке.
Если на этом свободном рынке
Использовать правильно коньюнктуру.

Славный театр, моя лавка ночная!

Я нищий пилигрим...
Духа святого просите у дряхлого бога,
А я приберег дефициты для расы господ,
Смысл земли...

Хотя, я в душе, конечно же, демократ.
И больше привык к дружкам
Из народа моим, мясникам,
Которые, кстати сказать, кормят аристократов.

Здесь есть и в театры море билетов!
На монолог хитреца диссидента,
О том, как плевал он в морду агента,
Пока не сбежал из Страны Советов.

Есть и билеты на шоу иное,
Happening с вашим в нем личном участьем,
Которое труппа сочтет за счастье,
Вы сразу получите роль героя.

Адептам трагедий и оперных арий
Мы предлагаем поездку в Милан.
А тем кому это не по карману
Теле и радиокомментарий.

    Славный театр, моя лавка ночная!

Я нищий пилигрим...
Конечно же, я далек от красной крамолы,
Но, когда я один,
Иногда я сомневаюсь в капитале...

Тогда по ночам я слагаю иные молитвы,
И благославляю мудрость законов,
Во имя последней решительной битвы
Презревших Бога миллионов.

* * *

На магнитном полюсе
стрелка компаса
закружилась вокруг оси,
смеясь от радости.

Здесь можно забыть
тайну истинного направления,
и не отвечать
на вопросы...

Здесь есть шанс отказаться
от суеты и тревоги,
чтобы подняться к Богу...

Здесь есть возможность открыть
шлюзы любви и экстаза
в сердце своем...

Это - пение радостных песен,
очищающих ум
от безумного повторенья,
зараженных логикой
заклинаний...

Где мне найти
"полюс магнитный"
для предвечной
души своей?

* * *

On magnetic Pole
an arrow of compass
spinning round it's axis
laughing of joy

Here one can forget
the mystery of true direction
and no reply
on an answers

Here one has chance to dismiss
the vanity and the disquiet
getting high to the God...

Here one has possibility to open
the gates of love and ecstazy
in the heart...

It is singing the joyfull songs
cleaning your intellect
from crazy repeat
of spells
to be infected with logic...

Where should I find
a "magnetic pole"
for my everlasting
soul?

КРЫЛЬЯ

Гусеница скоро станет куколкой
и ей очень страшно.

Надолго ли это новое качество?

Пребывание в коконе сумрачном,
в полной тишине ожидание
неизвестного.

Не это ли смерть?

Знание древних утешает ее,
что состояние это только временный сон.

А впереди жаркое яркое лето,
полет в воздухе, в солнечном мире.

Смысл твоей жизни - великая тайна,
очевидная высшему духу.

Оставят тебя
тревога и страх.

Крылья
тебе будут даны любящим Богом.

Радуйся этой
счастливой судьбе.

Верь Богу и жди
часа, когда ты поднимешься в Небо!

* * *

Теряют свежесть
Живые цветы.

Львы, дельфины, орлы
Стареют и умирают.

Горы, скалы, кристаллы
Становятся пылью.

Тысячи весен придут.

Новые твари выйдут
На сушу из рек и морей.

Новые континенты
Поднимутся из океанов.

И приходит к человеку
Вера в Бога живого.

В своей душе я нахожу
След вечности и бессмертья.

Смысл жизни
Открыт людям,
Вступившим на путь
В бесконечность.

КРЕСТ

Сквозь плоскости
Разорванных иллюзий
Мне духи древних стран
Свой доверяют ключ.
И бисер глаз
Преследует мой сон,
Где новый свет
Открыт для нас,
Где лишних нет
Свидетелей
Расставленных ловушек,
Где призраки забытых гор
Мне открывают путь.
И сквозь кошмары прошлых лет
Ко мне вернется
Смытый след
Моих недетских развлечений.
Я прикоснусь рукой
К теплу камней
Давно погасшего вулкана
И может быть усну
С сознанием
Исполненного долга.
И мне приснится сон,
Приснится странный мир,
Где власть и вера
Образуют комплекс,
Невиданный доселе.

И в этом мире
Я - охотник
За теми, кто противится
Самим себе.
Я расщепляю
Утлые умы
На факторы
Доступные
Контролю,
И провожу резекцию
Остатков воли.

И мне подруга - Ева,
Узнавшая впервые
Запретный плод.
Мы с ней вдвоем
Беседуем о боге,
Который нас простил.
И смысл всех наших дел
Лишь в наркотическом веселье,
Рассчитанном на бесконечность.
И наш отец небесный
Нам гарантировал
Устойчивость
Душевного покоя.

Но радость и тревога,
Нарастая,
Мне мешают
Чувствовать
Себя счастливым.

Я понимаю,
Что могу
В любой момент проснуться,
И просыпаюсь...
Пораженный
Яркостью видений
И тусклым обликом
Убогого ночлега.

Я буду жить как раньше
И должен умереть,
Жующий жвачку серых дней,
Простейший человек,
Амеба коллективных мифов,
И этот сон не повторится.

Но полная луна
Сквозь плоскости
Стеклянных стен
С надеждой освещает
Уголок, где я живу.

И ясный свет луны
Мне открывает смысл
Утраченных иллюзий.
Как детскую игру
Я вспоминаю мир,
В котором страх
Мне кажется
Утраченным рефлексом,
Ненужной болью.

Кого же должен я
Благодарить
За этот мир?

И где то благо,
Что он примет?

И может быть к нему
Меня способны пропустить
Земные горы,
В страну разбуженного сердца,
Где все движения души
Естественны и безупречны,
А жизнь и сон
Есть грани
Вечной истины
Бессмертных духов.

И что за тайну
Означает
Символ "крест"?

* * *

Течение рек -
это течение чьих-то слез по лицу планеты...

Но где ты мой возлюбленный Бог?
Ответь: это слезы радости или слезы печали?
Кто знает истину?

Эти слезы собираются в озера и в моря,
а затем в замкнутые мировые океаны...

Хотел бы ты отдохнуть
в океане: миллион лет?
Хотела бы ты?

Но есть еще атмосфера...
Воздух и облака -
это тоже отдых от суеты...

И воздух нагревается
от огня солнца,
и отдых кончается,
кончается грозой и дождем,
огненными молниями - отголосками
солнечных лучей...

Кто освободит нас от круговорота?

* * *

Я буду всегда терпеливо
Ждать встречи с тобой.
Искры огня твоего
Меня согревают
Также как
Солнце.

Сердце мое, помнишь ли
Прошлое время, когда
Кипела страстями
Иная жизнь,
Но ты, как и сейчас,
Хранило тайны бытия?

Сердце мое, помоги мне
Вынести тяжесть земного,
Груз неотправленных писем,
Груз непрочитанных книг.

Сердце мое, откройся мне
В своей истине и глубине!

БЕШЕНСТВО

- 1 -

А может быть этого нет?
Быть может все это не так?
Может быть сны мне все врут?
Я синкретический сфинкс.

Я знаю, что надо прощать.
Я знаю, но я не хочу.
Но может быть я и прощу.
Ибо Я синкретический Я...

Что вам всем жизнь моя?
Что вам всем сны мои?
Что до того кем я был?
Что до того кем я стал?

Мне показался прибой
Шумом зимней пурги.
Луна, Юпитер и Марс
Мне сообщили весть.

Где-то женщина ждет
То, что ее спасет.
Где-то и я получу
Все, что захочу.

Но я, конечно, не царь.
Я, конечно, не волхв.
Мне нечего дать вам в дар,
Кроме моих стихов.

Все мы ждем перемен.
Я когти вонзаю в асфальт.
Летний солнечный день.
Я соки пускаю в бетон.

Я когти вонзаю в воск,
Твердый как горный хрусталь.
Я синкретический сфинкс.
Все мы умрем за живых.

В наших холодных тяжелых глазах
Пылают пожары змеиной любви.
Кожа линяет с ожившей души.
Кровью окрашены свежие швы.

Падая вниз из-за огненных туч
В жестких глазах распадаются сны.
И на лице след укусов змеи
Кажется пятнами алой чумы.

Мираж ломает базы мышлений,
Используя брак имманентных схем,
В ртутном бальзаме культурной спермы
Гены гниют больных поколений.

Система беременна фашизмом
И копит досье калек и вождей.
Партия душит своих сыновей
В грязных водах тоталитаризма.

Фильтры ловят помои гигантов,
Ставят оценки за школьный диктант.
Мертворожденный бог рок-н-ролла
Просит за всех нас с экрана кино.

Я верю в возможность спуститься на дно
Твоих фантастических снов и иллюзий.
Любовь ускользает из рамок понятий,
Тем, кто все понял, все стало равно.

- 3 -

Утренний час,
Смех,
Божий глас,
Грех,
Шепчущие рты
И рядом ты.

И если мой взгляд
Способен убить,
Возможно я буду
Тебя любить.

Мой жизненный цикл
Катится вдоль
Башен и стен.

Тени людей готовы к игре.
Стертые лица ждут знака любви.
Действию сил предшествует вера в покой.

Я, синкретический сфинкс, знаю
Что время пришло, и я хочу говорить.

Страсть разрушения стала прикрытием
Распространения ложных понятий.
Тексты трактатов полны искажений,
Следами хищения истинных слов.

Лиги маниакальных магнатов
Лелеют реформы тысячелетий.
Принципы существования бога
Стали предметом всеобщей торговли.

Дамбы и шлюзы в моей голове
Не контролируют более гнев.
Мысли и музыка стали едины,
Шум вырождается в марши и джаз.

Я не хочу присутствовать в мире,
Где все чудеса стали фальшивы.
Массовый страх за способ молчать
Меня самого ставит в тупик.

И если мой взгляд
Способен убить,
То я широко
Открою глаза.

- 4 -

Мой шахматный ход
Будет простым,
Но сразу наступит
Большая беда.

Ужас затопит весь мир,
Холод наполнит сердца.

Страсть разрушения стала прикрытием
Распространения ложных понятий.
Тексты трактатов полны искажений,
Следами хищения истинных слов.

Лиги маниакальных магнатов
Лелеют реформы тысячелетий.
Принципы существования бога
Стали предметом всеобщей торговли.

Дамбы и шлюзы в моей голове
Не контролируют более гнев.
Мысли и музыка стали едины,
Шум вырождается в марши и джаз.

Я не хочу присутствовать в мире,
Где все чудеса стали фальшивы.
Массовый страх за способ молчать
Меня самого ставит в тупик.

И если мой взгляд
Способен убить,
То я широко
Открою глаза.

- 4 -

Мой шахматный ход
Будет простым,
Но сразу наступит
Большая беда.

Ужас затопит весь мир,
Холод наполнит сердца.

* * *

Свои слабые руки
Виртуального самоубийства
Накладывая на больные виски,
В поисках существования запредельного волшебства
Горячей ладонью грея холодные веки,
Я закрываю глаза,
Пропитанные тревогой,
А та кого любит моя душа,
Себя считает убогой,
И доверчиво ждет
Безмятежной ласки
Героя сказки,
Который все поймет.

* * *

Если я соглашаюсь "играть",
то у меня не "отнять"
мою ненависть:
если гадина умирает,
я, не глаза, а рот,
ей закрою
своей
защищенной рукою.

И моя душа -
полная чаша
тревоги,
когда напролет
долгие зимние ночи
я жду голоса Бога.

И вот уже
хрипит в моей душе
змея,
но я спасаюсь от безумья мгновенно,
как только говорю
смиренно
"прости"...

И мне дано,
устав безмерно,
уснуть под утро,
узнав наверно
как безгранично
совершенство радости.

* * *

Алый цветок,
Близкая катастрофа,
Черное звездное небо,
Капли воды на горящем лице.
Кажется что,
Это случилось только вчера.
Но может быть есть
Продолжение этого мира земного?
И вкус этой пищи,
Цвет твоих глаз,
Запах весны
Станут вечными спутниками
Странствий моих.

* * *

Flow of scarlet,
Disaster that is coming,
Black doom with the stars,
Drops of water on the hot face.
It seems
This all was yesterday happen.
But maybe this world of Earth
Is to be continued?
and the taste of this food,
Color of your eyes,
Smell of the Spring
Would be the eternal satellites
In my roaming around...

ПЕПЕЛ

В другой поверить трудно мне удел
И дорогим воспоминаньем пепел
Продолжает оставаться.
Мне трудно разобраться
В сложных чувствах
К тому, что существует
В земных пределах.
Веревка, бритва, яд,
Другие
Атрибуты ада,
Живые
Спутники веселья,
Как женщины
В постели.
Миры иные
Освещает солнце ли?
Я так люблю
Дожди и грозы,
Но русские березы
Не люблю,
Предпочитая хвойные породы.
И красоте учиться у природы
Я не хотел бы.
А у людей?
Но люди ненадежны.
Среди живых довольно сложно
Найти достойного гуру.
И тяжелей,
Чем следовать священному обряду,
Христу молиться в одиночку.
И я бываю рад,
Когда картины мастеров
Мне снятся, навевая строчки
Нездешних слов.

Но, иногда,
Мне сотворенный мир,
Почти что кажется шедевром.
А навсегда забыться
Без сновидений сном?
Поэтому боюсь я смерти.
И глубину своей тревоги
Измерить не могу.
Языческие боги,
Распните нового слугу
Небесного отца,
И пусть страдает
Вместе с этим нашим миром
До самого его конца!
И снова вижу рядом
Стекло, пластмассу, сталь,
Другие атрибуты ада,
Которые мне жаль,
И обладать
Которыми мне предстоит.
А также будут женщины,
Цветы и дети,
И буду нужен я друзьям,
Но за кусочек истинного рая,
Где жизнь совсем иная,
Я родину и все на свете
Предам.
Осознавая грех свой новый,
Из строчек тку узор причудливый
Как паучок ничтожный
И не могу согреться.
Я думаю, что теплый пепел мой
Останется с землей
Вертеться.

* * *

Когти слов недостаточно цепки,
Чтобы схватить новое чувство.
Крючья понятий не могут поймать
Отблеск пламени вечной души.
Ум не способен вычислить схемы
Необходимых железных поступков.
И в результате отсутствия силы
Счастье как вспышка молнии гаснет.
Все, во что остается нам верить
Это то, что тревожные грозы
Богом будут посланы снова
Столько раз, сколько нам нужно,
Чтобы продлить воспоминанье
О невозможном и нереальном,
Но существующем на земле.

Соприкасаясь с великою тайной,
Зная, что тайна так велика,
Что невозможно за ней обнаружить
Правила определенной игры,
Что сделать с собой человеку?
Рот зажимая своею рукой,
Сжаться в мертвый от страха комок,
Взгляд направляя в далекое небо...
Гордый дух и волю к свободе
Бросить на чашу весов...
Больно расстаться с любимым
И вольно жить одному...

Когда нельзя отличить
Реальность от вымысла,
Знак магический получая
От кого-то, кто хочет,
Чтоб оставался ты жить,
Шанс остается
Тоже кого-то любить.

Сердце разбитое хочет придти
В царство сильное, сад безмятежный.
Если свобода требует смерти
Пусть умирают те, кто не могут
Жить ожиданием встречи случайной.

* * *

Размышляя спокойно о той,
Кто стоит за моим левым плечом,
Я понимаю, что знает она,
Что станет мне необходима.
Часто видел я,
Как кто-то в свой последний час,
Говорил о ней или
Молча шел, уже не глядя на нас,
Тех, кто еще не дожил
До встречи с ней в самый последний раз.
Острый страх пронзает душу мою,
Когда я смотрю назад в прошлое,
Понимая, что рискую
Унести с собой в ад жалобы и болезни,
Мелкие мысли и мелкое зло,
Ненужных друзей и ненужные песни,
Чтобы все, что случилось по воле моей
Снилось бы в новых кошмарах,
В новых свободных мирах, о которых,
Я никогда ничего не узнаю,
Пока она не откроет мне дверь.
И я хочу верить,
Что памяти буду лишен,
И космический фильтр,
Очищая кармический сор,
Будет силой неведомой управляем.

И то, что мне самому в этой жизни своей
Невозможно понять, отделить и забыть,
Посчитать за иллюзию,
Заключая в магический круг
Прикосновения нежных рук,
Семена и ростки бескорыстной любви,
В молитвах горячих обращение к богу,
Смерть примет в дверях,
Обращая в печальный мой прах
Лишь тревогу.

* * *

Знает душа закон святой,
Что Свет всегда побеждает мрак.
Нужно успеть в жизни земной
Сделать единственно правильный шаг.

Ясно вижу разрушенный мир,
Обломки высотных домов,
Лес, в который нельзя убежать,
Собак и военный отряд.

Знаю, что мне далеко не уйти
И лучше лечь и спокойно уснуть.
Маме счастливой родное дитя
Пока не поздно нужно вернуть.

* * *

Пламя, способное сжечь,
Содержит в смертельном составе своем
Яркий и чистый свет.

  Тот, кто хочет увидеть
                            может сгореть.

  Тот, кто хочет согреться
                            может ослепнуть.

Не знает никто,
Что у меня в душе.
Каждый только способен
Построить различные
Предположения.
А когда я узнаю,
Что умер некто,
То эта новая смерть
Быть может изменит
Всю мою жизнь.

Долгое время придется мне
Сохранять душевный покой,
Чтобы энергия взрыва моей
Новой вселенной
Стала подобна творению Бога.
Возможно кому-то здесь я интересен,
Но великому Богу
Нужны ли
Мои разноцветные глюки?

* * *

Ты веришь, что
Сможешь угнаться
За тенью своей?
Ты веришь, что
Лента в машине
При жизни твоей
Не успеет порваться?
Ты веришь, что
Сможешь увидеть
В окошечке цифры
Всегда, когда это
Тебе будет нужно?
Пустые глаза
Наполнены льдом и металлом.
И золото хрупких
Звездных мечтаний
Теперь только
Годно на лом.
И, если действительно
Лопнут турбины,
Ремни и колеса
Адской машины,
То лучшее,
Что ты сможешь еще
Почувствовать и узнать,
Это жар на щеке,
Который оставит
Скупая слеза.

СОМНЕНИЕ

Используя методику наук,
Восточных и мистических доктрин,
Сумею ли я ограничить
Мне Богом данного Святого Духа
Беспредел томленья?
Упасть мне хочется
В глубокий омут,
Где царствует кататония,
Где отблеск глаз
Смердящих адских псов
Преследовал бы
Отдых мой
И щекотал бы
Спущенные нервы.
И память об ушедших
Безвозвратно днях,
Наполненных самообманом
И, также, явной ложью
С известной целью
Вырвать у других
Свое дрянное благо,
Казалась бы мне лишь
Запущенной болезнью.
Но кроме грешных мыслей
И желаний сладострастных
Источником страданий
Было нечто третье,
Что, может быть, важней,
Чем остальное все.
Ведь нечто заставляет лгать,
Когда вполне возможно
Обойтись без лжи.

Так, может быть,
То, что считаю правдой
И точной истиной,
Есть только лишь
Обман и ложь?
В пучине мезозоя
Импульсов и ощущений
Рождается какой-нибудь
Неправильный дрянной критерий,
С которым подхожу я
К очевидным фактам,
И корни этой гаденькой ошибки
Таятся где-нибудь на дне
Пространства детских впечетлений.
Так может быть, я стану Буддой,
Как только культивировать
Начну покой душевный
С оттенком грусти и печали?
Но, если я проникнусь
Аскетической идеей
И в жертву принесу
Свои земные страсти,
То, должен снизойти мне
Боговдохновенный знак.
И как тогда искать
Фатальную ошибку
В логических нейронных
Схемах умозаключений?
Мне кто-то нужен
Из числа земных и смертных -
Ученый психоаналитик
Или учитель дзен
С волшебной колотушкой?

Семья и дети, государство и начальство,
Пожалуй, также подходящие
Ограничители свободы,
Известные в контексте
Варнашрама-дхармы.
Полезно, очевидно, было бы
Добиться статуса
Владельца контрольного
Пакета акций.
Попробовать найти
В душе своей участок,
Ответственный за
Мимику лица и голос,
И научиться тщательно скрывать
Ненужные оттенки размышлений.
Моя прическа и костюм
Должны внушать клиенту
Мысль о том, что я нормален.
Политика и власть,
Коль скоро меня касаются,
Должны придать оттенок мне
Солидности и лоска.
И, принимая в довершенье
Любовь ко всем без исключенья
И христианскую мораль,
Я льва в себе убью,
И превращусь в верблюда,
И никогда не стану счастлив.

* * *

Я не хочу чувствовать
Холод и гнев,
Страх и тепло,
Но необходимо мне
В узком пространстве
И времени цепком
Существовать.
Карточный домик сложу
Из обрывков мечты,
Стану гостям раз в году
Показывать старые книги,
Буду страсти
Прятать от всех
И лишь изредка пить вино,
Чтобы не было больно.
Но рано или позднее
Понадобится жертва,
И я перережу сам
Тонкую нить пошлости и уюта,
И грусть, и тоска, и тревога
Плотину прорвут и смоют
Карточный домик мечты.

* * *

Руки, глаза твои
Согревают меня.
Холод моей души
Уступает теплу.
Будто бы первый раз
Я увидел сейчас мир.
Весна приносит с собой
Веру в земное счастье.
Все люди так далеки
От меня и друг от друга.
Тепло твоих глаз сохранить
Сможет лишь магический круг.

* * *

Hands, eyes of yours
Give me the warming.
The freeze of my soul
Steps aside.

As if it for the first time
The world that i have seen
With the spring that brings
The feeling of the happiness on the Earth?

All the people are so far
From me and one from another.
It is possible to save the warm
Of your eyes only with using
The magic circle.

АНДРОМЕДА

Из-под раскошных ресниц Андромеды
Брызжут слепящие зрение искры,
Лезут в доспехах рыцари чести
Из-под раскосых глаз Андромеды.

Для древних жрецов
Затмение солнца.
Для старых схоластов
Куриные яйца.
Для институток
Коаны и мантры.
Для проституток
Оборки и банты.

Из-за косы кузины Электры
Сыпятся старые хвойные иглы,
Свесился хвостик дохлой селедки
Из-за уха кузины Электры.

У эрудитов
Perpetum mobile.
У троглодитов
Рог изобилия.
У трех медведей
Лесное бревно.
У наших соседей
На стенке говно.

С крыши дворца к ногам Клеопатры
Падают астры, мимозы и розы.
Крыша поедет у Клеопатры,
Если читать стихи вместо прозы.

* * *

Я веду себя во сне
Также как и наяву.
Если я лежу на дне,
То как бегемот реву.

      Сны мои - поллюции
      Дарвиновской эволюции...

Распугал фламинго диких
И рыгает по утрам
На мартышек многоликих
Дикий зверь гиппопотам.
Из-под белой седины
Веет легкий ветерок.
Жрет и чавкает бананы
Мелкомерзкий носорог.

      Сны мои - поллюции
      Октябрьской революции...

Чтобы жить на земле веселей
Нужно петь и размножаться.
Я очень хочу в постели с женой
Каждую ночь встречаться.
Мой мозг хочет пляски веселой.
Мое сердце желает уюта.
Внутри сна я любуюсь собой,
А наяву я волчина лютый.
Никто не придет и меня не пристрелит,
Как дикого пса, как безумную кошку.
Немного бы славы, немного бы денег,
Немного любви и немного бы злости.

* * *

Ты уже не молод,
Но еще не стар.
Когда тает снег
О чем ты мечтаешь?

Выйдешь ли ты
Из тяжелой воды,
Чтобы сгореть
В легком огне?

Ждет терпеливо
Наших решений
Ангел предвечный.

Там где нас
встретит он
Разум наш ясен
Станет настолько,

Что разгадает
Глубокие тайны
Жизни земной,
Скрытые богом.

* * *

Вулканический пепел моих сигарет
Переполнит консервную банку.
Я ваш софизм проглочу как приманку
И к сатане попаду на обед.
Буду корчиться ханжески туго,
Составляя списки грехов
От доносов на лучшего друга
И до кражи мясных потрохов.
Груз культурных ценностей тяжко
Давит на заветный журнал,
Где обнаженная женская ляжка
Как корабля тяжелый штурвал.
Руки не мыв, вкушал я жаркое,
Перед этим вылив ведро
Антисоветских словесных помоев
На советское добро.
Покаяние будет фальшиво.
Сам я рассеяно вдаль посмотрю
Туда, где когда-то мальчиком хилым
Я, пионер, ковырял ноздрю.

* * *

Каждый новый день стресса
Оставляет пробел в тексте
Книги, которую я
Должен успеть написать.

Чувствуя себя ребенком
Которого бросила мама,
И в мире земном, и в мире тонком

Я наблюдаю драму:
Искушение есть в этом мире
Стать царем
И оставить после себя
Пирамиды,
Или оставаться шутом,
Тайно думая, что
Весь мир есть помойка,
И конец суеты
Обретешь лишь
На погосте,
Или быть сытым слугой
И оставить потомкам
В лучшем случае
Фото себя самого
В окружении
Собственных внуков,
Или быть мудрецом
И оставить в наследство
Академикам и профессорам
Под аплодисменты
Коллег и оппонентов
Фолианты дедукций,
Но никто не желает становиться святым...

Горний и дольний миры
Во сне становятся
Действительно параллельны.

Грешную душу мою,
Прости и помилуй, Господь,
Пусть уснет она вечным сном.

Спасибо Тебе, Господь,
За минуты озарений,
Когда мне становится ясно,
Что мгновение это
Есть осколок
Будущих космогоний.

Спасибо Тебе, Господь,
За то, что в этом мире
Есть что-то мое.

* * *

Each new day of stress
Put the blank in a text
Of the book, which
I am in a hurry to write.

Feeling myself as
A child forgotten by mama
In the world of Earth,
In the Thin world,

I am contemplating the drama:
There is temptation in this world
To become a Czar
Leaving after all
His pyramid,
Or to rest as a joker
Keeping hidden thought
That all world is just punk
And the vanity's end
One can achieve
At a cemetery yard,
Or to be fill up servant
Living behind to the offsprings
Just the set of the grandsons
In the family album
Surrounding your own person,
Or to be the scientifician
Leaving academicians and professors
With deductions of your own
Which need more hot applause,
But no one wishes
To become Holy one...

The celestial world and terrestrial one
Are become really parallel
Only at nightdream.
The sinful soul of mine to forgive
And to have a mercy upon me
You, my Lord.
Thank You, Lord,
For minutes of illumination
While it is so clear to me
That this moment is fragment
Of future cosmogonies.
Thank You, Lord,
That you are leaving me something
That is really of my own.

* * *

Желанье верить в Бога
(Заметил Зигмунд Фрейд)
Сродни стремленью
К постоянству страсти,
Стабильности влечений.
Игра людей вне рамок жестких правил
Приводит к имманентному конфликту,
Войне без жалости и слез.
Все некрофилы, да фашисты заполонили
Подмостки революционного искусства,
С которых некогда надежды подавал
Голубоватый рок-н-ролл
Голубоватых аспирантов.
О, ужаснись в своем гробу,
Маэстро Рихард Вагнер!
Что делать с этой массой беззаконной
Бритоголовых харь,
Которые предпочитают грязный грохот
Симфониям, разложенным в ряды?
Представьте, каково адептам арий
Взирать на современный хаос?
И каково легионерам авангарда
Садиться задом в лужу?
Представьте, каково состарившимся шлюхам
Своим старинным спутникам в ночи
Нос утирать и кое-что другое?
Где духа нищета?
Та самая, которая ведет к блаженству,
Когда блаженный хочет в Рай,
А не в подобие земного кабака,
Или в подобие нагретого сортира.

* * *

Шоу
Для домохозяек,
И шоу для
Политиканов.
Ведра помоев
На президента.
Лужи помоев
Под коммунистов.
И московский фашист
И сибирский мажор
Олицетворяют теперь
Человека.
Мозг подключает
К телерадиоточке
Больное искусство
Двадцатого века.

УДАР

Что-то шибануло оттуда
Из-за закрытых дверей
Всю ночь много снов
Как взрывы, как цветы
Перед глазами
Пронзительно остро
Манили звали
За грань
Туда...

Утром тревожная смесь
Возникших из мрака
Странных чувств
Как напалм, как яд
Мешала жить как раньше
Что-то случилось
Изменилось
Стало чужим все
Здешнее...

Сразу захотелось мне
Вспомнить то, что
Было тогда
Нездешнее
Что было
Назад тысячи лет.

Привидение в белом
Со знакомым лицом
Зовет туда, где
Неизвестность
За Млечным путем
Или в Австралию,
Где добывают нефть
В центральной
Пустыне...

THE SHOCK

Something beats me from out there
From the doors closed.
All the night too many dreams
As some explosions, as some flowers
Are raising before my eyes.
Sharp extremely
It waits me and promises
Something beyond
The real frontiers.

On the morning the exposive mixed up
Appeared from the dark
The strange emotions
As a napalm, as a poison
Bothering me to live now
The way I have been living before
Something feels like be really happening
Realling been changing
It becomes the unrelated
All that local.
At once I want to
Remember the things that actually
Are not here in the place.
But were going on thousand years ago.

The ghost in a white clothing
With the known face
Calls me now for unknown
Beyond the Milky way
Or may be located somewhere in Australia
Where petrolium business is on
In the central desert.

* * *

Мы все тебе простить должны,
Прекрасный беспартийный депутат!
Еще недавно ты, припав
К трем составным частям
Источникам надежного дохода,
Готовился к прыжку наверх.
Но волею судеб доход тебе принес
Не этот гнилой трамплин,
Тупик больных идеологий,
А идол этого столетья
Зеленый доллар.
Ты знаешь правду
Сытого желудка
И, следуя советам
Своего рассудка,
Не пьешь, скучая в казино,
Зеленое вино "Агдам",
Но пьешь банановый ликер
И водку "Absolut".
Так не сочти за тяжкий труд,
За новый наш закон проголосуй!
И, может быть, те братья доживут,
Каких послал ты строго дальше,
До торжества трехцветных струй
Фонтана тонизирующих слов
Для широко раскрытых ртов
Внимающих тебе народов.

НЕНАВИСТЬ

Я так долго учился
Искусству любить,
Когда осталось
Мне жить
Этой сомнительной жизнью
Тридцать сомнительных лет,
Я научился щедрой науке,
Злому искусству
Ненавидеть тебя.
Географические координаты твои
Неопределенны, также как
И координаты на картах
Тонкого мира.
И я готов к тому, что
Ты внезапно укусишь,
Внезапно возникнув,
Послав сообщение
Косвенной почтой
Князю второй луны
Серебряного Сатурна.
И когда я в толпе
Блуждаю один -
Я знаю, что я
Не в безопасном районе,
Я жду и здесь
Твоего появленья.
И я готов, вскинув глаза,
Внезапно увидеть
Твое ртутное тело
И глаза, узнающие
За долю секунды
Мой электрический фрейм,
Требующий оскала
Оловянного рта.

ПРОРОК

Польстишься ли ты вновь
Моей хромой мечтой,
Герой фальшивых подземелий,
Герой ковбойских трудодней?
Мои глаголы стали
Бездушны и пусты,
И грешные уста
Себя уже назвали.
Так оцени всю ложь,
Оплаченную мной
Ценой твоих побед
И содранною кожей.
Суровою зимой
Мы встретим вместе ночь
И вместо сына дочь
Возьмем в последний бой.
Когда лишившись сил
Ты упадешь на снег,
Она проломит лед,
Пошлет гонцов весне.
И мы найдем предлог
Сначала все начать
И мой корявый слог
В сердцах начнет стучать.

МИСТИК

странные звуки
доносятся до меня
по водопроводной трубе...
странные звуки
они живут здесь
у меня в голове...
это моя скупая слеза
катится по трубе
быть может я не в себе
быть может это шиза
кажется я не пьян
мой тростниковый колдун
определил: здесь нет
энергетических ям
я постучу в медный таз
я так люблю его
быть может после всего
откроется мой третий глаз
где-то жужжит пылесос
баба пыль собирает в мешок
я преподнесу ей урок
и поцелую в засос

ХАКЕР

Если ты проснулся
Утром рано, детка,
Не спеши одеться
И включить компьютер

Ты проследуй в ванну.
Встань под душ прохладный.
(Если спал одетым,
То разденься раньше.)

Раскрути кофейник.
Съешь колбаску с сыром.
Если понедельник,
То запей кефиром.

На горшке попукай
- это тоже дело!
И тогда уж смело
Ты займись наукой!

* * *

Солнце давно взошло,
А тараканы шуршат
И хитиновым панцирем
Долбят гранит,
Кушают крошки
В академических
Ямах.
Скоро наступит ночь,
Мертвой луны
Серебряный луч
Будет светить
Колоннам
Счастливых
Ученых букашек.
Смеясь и шутя,
Они совокупятся
По плану во имя науки.
Яйца отложат
В теплой и влажной норе
И промаршируют
На кладбище.

Старым на смену
Придут молодые
Крепкие тараканы.
И напишут статьи
В защиту идеи
О том, что бессмертие
Невозможно.

* * *

Утром этого нового года,
Похожего на предыдущий,
Этим утром, похожим на утро
Любого другого дня...

Я вспомнил все,
Что происходило
И произойдет.

Я понял, что это
Реально и существует
Здесь и сейчас.

И все парадоксы
Я могу сжечь в пламени
Новой моей теоремы.

Только огонь ее
Горит внутри меня
И не принадлежит вам
Или вашей частной конторе.

Вы можете греться
У зеркала ваших желаний.

Что это будет?

Наверное телеэкран
Или новый партийный билет.

* * *

Небоскребом золотых грез
Громоздится последний сон.
Рушится тысячелетний дом.
Прячется серебреный страх
Под обломками прошлых дней.
Все смоют своей живой водой,
Освященные небом высоким
Тихие дожди и безумные грозы.
Завтра уже нельзя
Все оставить как было.
В толпу или в лес
Завтра пора бежать.

* * *

The skyline of golden slumbers
Ruined the last dream and
Millennium house.
The silver fear hide itself
Under yesterday's crash.

Everything will be wiped out
With live water with devotion
Of the high sky and silent rains,
And crazy thunders.

Tommorow would be late
To stay it all as it is.
To the crowd or in the forest
Tommorow is time to run away.

ТЯЖЕЛАЯ ПОСТУПЬ БУРЖУАЗИИ
(болеро)

Околонаучный трактат
Компилятивный труд
Астрологический знак
Социально приемлемый шаг

     Тяжелая
        поступь
           буржуазии

Легкий сплин космополитов
Изучающих папки ОВИРа
Проекты варки мыла из жира
Технологии суперстриптиза

Неуклюжий танец вокруг
Часов на башнях общества "Память"
Хороводы рассеянных русских
Выпивающих спирт без закуски

     Тяжелая   Медленный
        поступь   марш
           буржуазии   профессионалов

Чиновника жадный рот
И осторожный глаз
Находит правильный ход
Политически верный указ

Бронетанковый   Рейхсминистров   Тяжелая
   вальс   цианистый   поступь
      генералов   ужин
буржуазии

SHADY GROOVE

Если ты едешь, подруга,
В транссибирском экспрессе,
Не думай, что ты, дорогая,
Катишься где-то в Техасе.
Это не там, и это не то...
Когда ты, потупив глаза,
Выходишь из туалета,
Даже надев на себя "Адидас"...
Никто не захочет трахнуть
приятную даму
в плацкартном вагоне,
если простыни сыры,
если нет даже горячего чая,
если на окнах
угольный порох...
(Скоро тебе сорок...)
Поезжай,
Уезжай заграницу.
Там тебя ждет,
Я видел сам,

Трансконтинентальный
    поезд
    мечты
        "Shady Groove"...

KING DAVID CEMETERY

На кладбище Царя Давида
Нет ни крестов, ни обелисков.
На кладбище Царя Давида
Одни бездонные колодцы.
Не встретит вас гробокопатель!
Там стены кафелем покрыты.
Клерк включит графопостроитель.
Вы подождете три минуты.
Среди ковров зеленых дерна
Найдете дядю или тетю
Здесь похороненных проворно,
Усопших где-нибудь в приюте.
Когда по чертежу пойдете
По нумерованным тропинкам,
Когда прочтете
Имя лично вашей тети
На крышке люка...
Наверняка тогда слезу прольете,
На несколько секунд
От мира отключаясь,
Где царствует
Наука...

* * *

Да, это так.
Я так хочу
Вступить в контакт.

И приколоться,
И приторчать
От аудиовидеотрэша,
От аудиовидеопорно...

Я новый русский леший.
С меня довольно,
Я начинаю взлет.

Меня зовет
Bryan Ferry в ад.
Дороги нет назад.

Готовится облава,
Готовится охота,
Готовится война.

Возможно я умру,
Не обнаружив дна.
Найти я должен переправу,
Не то сойду с ума.

Ведь я простой
Российский леший
И за моей спиной
Священная страна.

* * *

У нас с тобой под ногами
мост
над опасной рекой.
Один берег которой
счастье,
берег другой
погост.

Я прочту на твоих губах
злобу.
В твоих глазах
страх.
Не обманешь самих себя
не предотвратишь любви
крах.

Твои бессознательные рефлексы
необходимы и совершены,
но приближаются перемены.

Для счастья нужен ум.
Для смерти нужен дух.

И, если я упаду,
тебе не нужно спешить ко мне.
Давай встретимся снова,
где-нибудь на галактическом дне.

* * *

Я - змея
Я - закрыт
Но нарушит твой быт
Воля моя

Твой защитный кокон
Твой каменный сон
Нарушит мой взгляд
И мой слабый стон

Ты попробуешь спрятать тело
В постельном белье
Но потерянный ключ подберешь на дне
Встанешь и дверь сам откроешь мне

Скомпрессованный день
Закомплексованный спор
Ни о чем и нигде
Не стряхнут твою новую лень

Ты захочешь бежать но себя самого не поймешь
Ты возьмешь у меня яд
И домой теперь не пойдешь

Я подбираю отмычки к старым словам
Дуализм превратился в привычку
Объективация - хлам

Мой блюз у тебя отобьет желание лечь в постель
Я знаю зачем живу
Ты - моя цель

ДЕПРЕССИЯ

Вьется, клубится
Нервная боль,
Злобная горечь
И мерещится нож.

В стакане с водой
Пенится яд, а не сода.
Где ты, мой покой?
И где она, свобода?

За оконной рамой
Как всегда дожди
И с утра - рана.
Днем меня не жди.

Муха на стекле
Похожа на меня.
Я живу в дупле
Грязного дня.

Я понимаю узоры травы,
Зелень леса,
Холод земли.
Я понимаю ткань пауков,
Шорох пчел,
Птичью трель.
Я узнаю электрический ток,
Форму шара,
Вкус кислоты.
Я узнаю ошибочный знак,
Правильный текст,
Ложную мысль.

Я знаю все это сам,
Но зачем это мне?
Кто ожидает меня там
В глубине?

Там в глубине
Колодца моей души
Тесно словам.
В темном зеркале
Обратной поверхности глаз
Инстинкта фосфорный свет
Дает мне приказ:
Стоять,
Больше ни шага назад.

И чрезвычайно осторожно,
Чтобы в венах кровь не закипела,
Я подниматься начинаю
Из глубины наверх,
На плоскость социальных правил,
Норм и законов.

И оказавшись в атмосфере
Привычно скучной,
Я замечаю небо.
И если солнца нет,
За тучами и пеленой дождя оно,
То я у Бога попрошу
Воды и хлеба,
Чтобы дождаться звезд ночных.

Теперь способен
Снова вникнуть я в детали
Социального заказа,
В проблемы разработки
Различных технологий и систем
В отдельно взятом хлеву.
И это все мне представляется
Достаточно забавным
И я сгораю от нетерпенья
Иметь вознаграждение за труд,
Поддавшийся
Бухгалтерскому исчисленью.

* * *

Прежние времена теперь всем
Кажутся сном.
Я был другим совсем
И ты был тоже ослом.

Я постараюсь в эту ночь
Додумать мысли свои до конца,
Пережить этот кошмар.

Мне нужно к утру
Иметь результат,
Иметь ясный ответ,
Иметь эффективный шаблон
Разрушения злых чар.

Борьба с локальным страхом
Возможна,
Но нет средства
Против ужаса
Тьмы.

Может быть завтра
Меня подберут
С посиневшим лицом
В петле из железной
Тесьмы.

Я спрячу подальше книги
О правде и о тоске.
Моя дешевая жизнь
Висит на волоске.

Я осторожно утром
Одену костюм, побрею щеку.
Я не хочу как Иуда
Висеть на суку.

* * *

Я человек с открытым сердцем
И предлагаю вам себя.
Моя тенденция
Проста: существовать любя.

Но заповедь любви
Христом дана
И тем, кто верит в него,
И также тем, кто
Просто жив.

Поэтому, отбросив зло,
Мы все должны подумать хорошо
И заключить союз
Друг друга
Возлюбив.

И есть ли среди нас
Хотя бы кто-то,
Кто человеческое мясо
Соседей по планете
Готов открыто кушать?
Конечно, нет.

Давайте обратим наш взор
На алтари и храмы.
Заменят ли они нам
Наши темные дела?

Или останется в душе
Тяжелый ссор
Прошедшей драмы
И помешает строить
Жизнь совсем иную на небесах?

Мы можем наконец-то повеселиться.
И гордости у нас немало.
И атомная катастрофа миновала.
Осталось окончательно влюбиться.

Споем хором
Церковные гимны
О граде дивном,
О спасении скором.

Правда всегда одна
И выпьем чашу до дна,
Пока мы живы, Слава Богу.
Не ходи с топором по дорогам
В хромовых сапогах,
Не сей среди людей
Бесцельный страх
Да беспричинную тревогу.

Вспомним комсомольские хиты,
Студенческий КВН,
Ветер перемен.
Доползем до могильной плиты.

* * *

О, там - вовне -
Так хорошо!
Я так хочу уйти туда
И там остаться.

Но так ли я хочу иного,
Чтобы расстаться с тем, что есть?

Мне нравиться пить крепкое вино
С утратой, иногда, самоконтроля,
И ставить раком женщин,
Не только падших.
Я не считаю эти шалости за грех,
Хотя решительно
Готов поспорить
И осудить другое что,
Уход в себя,
Беспомощную кататонию.

Тот господин, буддист и сиентолог
Все говорил мне - тихо!   тихо!
Да и накликал лихо,
Не отходя от книжных полок.

Теперь уже не помогает
Ни электрошок ему,
Ни анаша.
Пропала, сгнила заживо
Душа.

Однако это все же
Весьма печальная картина,
А веселей
Всего на свете
Любой D.J.
На дискотеке со стриптизом,
Когда вы молоды.
А если стали
Вы стареть,
То чем размышлять
О инобытие
Собрали бы вы денег на круиз
Куда-нибудь в иные моря
И дали.

Куда полезней
Для душевного здоровья,
Чем якобы нетленная икона.

А если вы бедны,
То ваше место в этом мире
Вне закона.

* * *

Задуматься, пока еще не поздно,
Мне абсолютно необходимо
О ключевых вопросах
Отношения с людьми.
И есть здесь тонкие моменты,
Поскольку чистой рефлексии нет.
Она всегда предполагает акты
Внешнего познания,
Согласно диамату
Целенаправленные
Изменения контекста
Дисциплины и труда.

И в сущности вопрос решать
Приходится простой:
Кому служить?
Но для субъекта сложно
Выбрать босса
На основании потребности питаться,
И полюбить экологическую яму.

Весь современный социальный дарвинизм
Мне представляется шприцом
С отравою опасней героина.

И телевизионный мир,
Зависимый от
Мелкотравчатых читателей
Коммерческих газет,
Для моего экзистенционального прорыва
Условно ценный объект.

Да, что не говори,
А социальный институт иной
Божественного замысла не стоит.

Но, что я все долдоню
О превратностях служебной карьеры
Как будто кто-то отправляется
За мной в погоню, чтобы поймать
И под лопатки вставить дозу серы?

Кому я нужен, кроме Господа Христа?
И ограниченному до ста
Числу друзей, знакомых,
Которым хватает проблем своих.

И я на общих основаниях
Не перегрызаю нити
Социальной пуповины,
Хотя не понимаю глубоко,
Чем этот способ рефлексии
Был бы хуже других.

* * *

Гармонию
(отчаявшись ее среди людей найти)
Я буду продолжать искать пытливо
В пространствах и мирах,
Свободных от контроля государства
И прочих силовых структур,
Подверженных распаду и гниению.

Куда ведет меня цепочка
Ассоциаций, звуков, образов и ощущений?
Понятны мне поэт и музыкант.

Наверное, подобно мне страдали
Юм и Кант
И выработали алгоритмы
Существования без боли.

Я затрудняюсь в том, на чей авторитет
Мне опереться,
Святого Августина или Кьеркегора,
Но сам я тоже истину свою нашел о том,
Что и любовь и горе
Беспредметны,
Когда найдется способ доказать,
Что разрушение и гибель объекта
Есть для носителя аффекта
Рациональный инвариант.

Когда физическая смерть живого человека
Затрагивает у другого лишь контекст
Неврологических реакций,
То содержание любви христовой к ближнему
Относится к семейству психотехнологий,
Является пустой дешевой игрой абстракций.
Ожесточенность преодолевая,
Надеюсь мне удастся отделить условия свободы
От суеты продажных правил игры
В психические шашки или социальный покер.
Мой идеал - самаритянин добрый,
Который станет вне преступного закона
Торговли милосердием фальшивым.

Я выбираю путь
Среди своих галлюцинаций.
Так Заратустра высоко в горах
У Солнца взял себе подарок духа.
Так маги Вифлеема
Распознали Свет.
В основе моего решения нет
Ни гордыни, ни любви,
Одна лишь воля.

* * *

Отголоски Его состояний
мне являются все сразу
Не хочу жить среди людей
из страха схватить заразу

Социальная роль
написана для тебя

Прощай, Король,
я люблю только себя

* * *

The reflections of His state
Are the visions of mine.
I want no longer to stay
Between you people
For i am afraid to be infected.

Social role
Is clear for you.

King, good-bye,
I love only all my.

* * *

любовь к ближнему так горька,
но тех, кто живет далеко,
и тех, кто приходит издалека
любят легко

думать просто о простых вещах,
о чувстве вины, приходящем во сне,
о том, почему предназначена
острая боль именно мне

когда мне больно, я хочу чтобы
стало больно тебе

но ты простишь, ты стоишь на дороге
вехой в моей судьбе

* * *

the love to the neighbors might have
taste of bitterness
but for those who lives far
and for those who come from far
the love affects like easy

think easy about the easy subjects
feel guilty that raises at the nighttime
try understand the sharp pain
that belongs to my private soul

then i am touched with pain
my reaction is to touch you
but i hope you would forgive me
if just you set it clear
that our fate is our common fate

СТАРИК

Сахарок как цианистый калий тает
во рту
и проникает в щели зубов коренных...

Горшок ночной под койкой бывает
нужен часто,
но для души нужнее пара злых веселых
анекдотов...

Бывает так - иная байка
теплее, чем тюремная фуфайка
греет ..

Бывало волновала нас
округлой грудью иная дама,
теперь о тех вещах забудь.

И политические новости соси
в желудок через мозг.
Когда же хумус рассосется и
превратится в кал, освободи
дряхлеющее тело от токсина
и всасывай очередной блок новостей.

Иди, смотри
и становись
под циркулярный душ
компьютерных сетей.

В конце концов утешишься, старик,
надеждой,
что эта жизнь, в которой ты достиг
возможности считать себя героем,
есть лишь один из многих вариантов.

И в доказательство возможности иных миров,
ты вспомни тот судебно-медицинский факт,
что у покойника по-прежнему растут
усы и борода, и волосы, и когти.

ЛОКОМОТИВ

"Жизнь не мешок с картошкой,
   который нужно тащить кряхтя и пукая.
Она прет и прет сама:
   похожа скорее на паровоз."

   " В.В.Б.", из частной переписки.

Бронепоезд ехал на юг.
Он вез
Северный груз.
На спине машиниста бубновый туз.
Машинист смеялся зло, слушая стук

Черных сталинских колес.

Локомотив повез
Запломбированный сейф
На восток.
Республика получит в срок
Свой, оплаченный золотом, кейф.

   О, эти странные механизмы компенсации
   душевного срыва русской нации.

Юрий Гагарин и Герман Титов
Вы улетели с Земли навсегда.
Рубиновой кровью налита звезда.
Народ прощает заклятых врагов.

Глотку зверье на митингах рвет.
Опять броневик поехал вперед.
Снова готовит семнадцатый год,
Одетый в джинсы степной народ.

О, эти странные механизмы реабилитации
инвалидов русской нации.

Бывший вожак молодежи
В окружении профессоров
Дает интервью на ложе
Из персидских ковров.

Не поможет валютный счет.
Не помогут родные внуки.
Тайну душевной муки
Он с собой заберет.

ПИРАТ ДЖОН СИЛВЕР

Посвящается выдающимся деятелям
нашего движения

Я поднимусь скоро с морского дна.
Я объясню вам
Зачем
Я ушел тогда от всех вас
На поиски знаний,
Чтобы дать реальным вещам,
Не имевшим названий,
Мои имена.
Мой единственный глаз
Под управлением мозга и нервных сигналов
Всюду находит лисий лаз,
Дыру в защите морских адмиралов.
Я по крови саксонский гой,
А по духу слегка
Австрийский Ганс.
И я доволен собой.
Я люблю декаданс
И я вам перформанс устрою.
Мой костыль и моя рука
Уникальные инструменты.
Хотя тяжело иногда
Мне делать мои экскременты.
Мой дружок, потомственный лорд,
Тот, кто частенько в университете
Спьяну тошнил на парадный сюртук,
Предпочел совершить политический трюк
Согласно астрологической смете.

Моя королева сейчас одна где-то.
Она собой хороша в своей короне.
Но, по мне лучше тогда она,
Когда бывает совсем раздета.
И мой гороскоп далеко не полон.
Я верю китайской книге и-цзин.
И, когда я по ночам остаюсь один,
Мне снится охотничий гон.
Лорд Ньютон собой украшал монетный двор
Английского королевства,
Предпринимая исторический спор
С другом, живущим по соседству.
Хорошо, когда ты избавлен
От лишений и мук.
Живи и смотри на
Движения глаз и рук.

НЕКРОФОБИЯ

В поисках самозащиты,
избегая ежедневной порчи,
опасаясь выстрела в спину,
ты становишься неизмеримо
мудрее и зорче.

Русская царевна-лебедь
и ее друзья из лукоморья
усмехаются исподволь,
больны и бредят.

Жар трехглавого змия
замерзает в зимнюю стужу.
Я тебе не нужен,
больная Россия.

Эта странная некрофобия
может быть спасет монаду.
Мировая буржуазия
не получит за нее награду.

Этот двуглавый орел, хищная дрянь,
и с ним вместе народный герой,
Сусанин Ваня,
призывает к священной войне,
войне за бессмертную жизнь,
войне за право на кровавую казнь.

Старосветские старики
в царских могилах
из куриного пуха,
взявшись за руки
спят вместе
вот уже лет двести.

Вышла из каторжной тюрьмы
проститутка Маслова Екатерина,
не чувствуя за собой вины.
Соня вышла замуж за Родиона
и стала еще краше.
Хирург Базаров давно
перерезал горло Аркаше.
Они не обсуждают проблему:
чтобы помочь народу, что делать?
Они сумели уцелеть
и теперь их больше волнует тема:
так ли необходимо им умереть?
Пес голодный собирает объедки,
с завистью смотрит на участь цепной собаки.
Но и этого пса живодеры посадят в клетку
за участие в драке.
Уходил из семьи в сторожа
кулацкий сынок.
Он открыл, под угрозой ножа,
пионерам хозяйский замок.
Голая Маргарита летала
на шабаш с экстрасенсом.
Шиллинг от фунта не отличала,
путала пенни с пенсом.
Советский второй капитан
прилетел с полярного круга
и тут же ему в карман
залезла рукой
крутая подруга с юга.

Всех замучала ностальгия
по временам беспредела.
Уж лучше бы пуля Фани
сердце вождя задела.
Некрофобия ярится,
и вечно живой с нами.
Друзья зеленого змия,
умрете и Бог с вами.
Из-за солнечных гор
бесконечный тянется луч.
Оставьте ваш старый топор
и возьмите серебряный ключ.
Отделите ваш меч от креста,
ведь истина есть и проста.
Тот, кто не предал Отца
пребудет здесь до конца.
Я группирую приметы,
мобилизую волю.
Господи, где ты?
Что с тобою?
Это Твоя тайна -
Ты прощаешь падших,
и узнавших тебя случайно,
и апостола, что трижды сломался.
Но я слышал, что Ты никогда не смеялся.
Господи, и мне не до шуток,
так прости и помилуй меня,
и сохрани мне мой рассудок.

* * *

Я вижу: у тебя выросли крылья
И ты предвкушаешь свой кайф.
И ты не любишь компьютерных крыс,
Но тебе по душе мой технотриллер.
Ты летишь на концерт,
Ты - мой новый русский эксперт.
Баронесса, ты когда-то любила
Свой комсомол,
Теперь ты любишь футбол.
Сама себе в зад голый
Ты ставишь витаминный укол.
Выпьешь ли ты вместе со мной
Горький напиток безличного я?
Когда ты приедешь домой,
Поймешь, все что было - шизня.
И тогда в своем мерседесе
Ты, возможно, уснешь.
И для шофера раскроешь
Разрез своей юбки-клеш.
Этот принц мечтал о принцессе,
Теперь он хочет вина,
Скучая на черной мессе
В ожидании холодного сна.

ВЫСОКОМЕРИЕ

Я не обязан присвоить
чувству любому
вербальную метку.

Но есть у меня ноу-хау
по производству
цепей и клеток.

Я знаю как можно
использовать правильно факт,
что между миром и мной
происходит война.

Каждый час - стрельба.
Каждый день - атака.
И каждую ночь приходит ко мне
Мефистофель - собака.

Огнестрельные раны
на месте третьего глаза
оставили пороховые пятна
и шрамы.

Наглотавшись психотропного газа,
мы построим здесь себе
новые русские ашрамы.

Не расслабляя ремней портупеи,
не дожидаясь небесной манны,
мы достигнем нирваны,
хотя есть среди нас и евреи.

Батюшка пьяненький кушает водку.
Завтра ему заступать на работу.
Снятся ему белоснежные лилии,
Носороги и бегемоты.
Ждет окончания старого года.
Ждет начала нового века.
Собирает хрусталь дорогих бутылок.
Раскуривает папиросы.
Кто знает, что это такое?
Откуда приходит жизненный опыт?
Батюшка масляный захватит
Улыбку свою в могилу с собою.

Мы любим только земное.
Мы будем иметь под контролем
эти бетонные башни и шпили
на круглых зеленых полянах.
Что еще нужно, кроме лечения
критерием Дао
наших болезней?
Мы построим библиотеки
на инфраструктуре компьютерных линий,
и шифр Каббалы станет доступен всем,
кто заплатить членские взносы.
В жизни никем не могу быть,
кроме солдата
в берете с кокардой.
Пусть отчеканят на ней
что буддийский иероглиф,
что христианский крест
мне неважно.

У людей в душе грязи много,
но я не такой.
Кто-то не верит в бога,
а я только злой.

Телефонный звонок
десять лет спустя.
Следующий через пятнадцать.
Я камикадзе ракетных войск,
сгнивший на аминазине,
на дребезжащей дрезине
совершивший когда-то
десантный бросок.

* * *

В твоих мечтах много пустого,
Но ты говоришь, что знаешь зачем живешь.
В жизни земной много счастья простого
И счастье свое ты с собой возьмешь.

И если ты не наешься хлебом
И здоровый мозг не насытишь
Субстратом эстетически тонким,
То зачем под этим небом
Ты ползешь, и не летаешь,
Хотя и участвуешь в гонках?

Медитация воина
Доступна твоему уму.
Но сменишь ли жизнь спокойную
На тюрьму и суму?

SCSI - БЛЮЗ

лирический продукт при участии Олега Зверева

Оправления душевной жизни
Могут быть позорны как кал.
Мы вдвоем верны Отчизне.
Ты мой боевой капрал.

Знаешь, папа, ведь все это только предлог.
Ведь я в ожидании лета пою и танцую как бог.

Все обращается в дым.
I.B.M. у руля.
Когда-то я был молодым
И начинал с нуля.

А сейчас, папа,
Везде миллион мегафлопс.
Мультимедиа меломаны, папа,
Превратили высокую моду в попс.

Я для тебя покупал чулочки.
Ах, эти хакерские приколы.
Соединение точка-точка.
Ай-Пи-Икс, Эс-Пи-Икс протоколы.

Знаешь, папа, я куплю себе сарафан.
Я могу только с ним, папа, когда он не сильно пьян.

Сядь поближе ко мне.
Сядь поближе к огню.
Выпьем рюмке по две.
Поговорим про эту фигню.

Знаешь, папа, я хочу написать монитор.
Я рогами, папа, могу повалить забор.

БУХГАЛТЕРИЯ БАРБАРОССА

Та, что говорила "да",
Умеет говорить и "нет".
На лбу у нее звезда.
В кармане проездной билет.

В зрачках оптическая щель.
В руках боевой топор.
В складках платья карамель.
В голове мотор.

И для фюрера, и для босса
Есть ответы, нет вопросов.
Комар не подточит носа
В бухгалтерии Барбаросса.

Правильные друзья.
Неправильные враги.
Сегодня рано проснулся я.
И видно встану не с той ноги.

Она не умеет петь.
Она не умеет читать.
А умеет только хотеть.
И ей нечего мне написать.

АНТИКОНВЕРСИЯ

Когда-то жили русалки,
Когда-то пели сирены,
Но теперь времена другие,
Произошли перемены.

Антропосексуалки
По улицам бродят нагие.

Кто-то дарит им незабудки,
Деньги, белье, вино, сигареты.
Кто-то сыграет на дудке
Им за то, что они раздеты.

Аэрозоли и гели.
Огуречные припарки.
Святая рука Боттичелли.
Святой голос Петрарки.

Передовая мечта.
Велосипедный насос.
Ей нужен спонсор и босс.
Счет начинается от ста.

Перманентный развод.
Виртуальный брак.
Начать новый год
Можно эдак и так.

Когда-то жили герои,
Когда-то жил Рахметов.
Теперь новые гои
Зеленые ищут билеты.

Я не ношу автомат с собой,
Но не снимаю бронежилет.
И батьку президента ей-ей
Сживу с этого света.

Я крутых мужиков полюбил давно,
Но люблю и раскованных теток,
Для которых припасено
У нас достаточно плеток.

Антиконверсия грянет скоро.
В.П.К., В.П.Ш. возродятся.
И будет мужикам суровым
С кем и поспать и подраться.

* * *

Я очень упрям.
Все - Содом и Гоморра.
Инквизиция смотрит вперед.
Парменид с Протагором
Мне сказали бы прямо:
Ты, парень, урод.

А так, все они ищут слова.
И прячут глаза.
Ждут, когда я глотну
Настоя цикуты.
И выступит
Кровавый пот.

Они говорят, что пора
Подумать про янь, инь,
Зафиксировать жизнь.
Желают добра.

Где-то за пределами сна.
Где-то за пределами гор.
Простится вся вина.
Развеется земной сор.

А пока что, я хочу быть здесь.
Мне нравится мой скафандр.
Мне бы забыть про месть,
Положить на язык кориандр,
Заварить себе черный чай,
И не слышать ваш лай.

Я знаю, что есть друзья,
Которые могут понять.
Хотя то, что знаю я
Никто не должен знать.

И есть радости тела.
И есть радость любить.
Но ради большого дела
Все это можно забыть.

Я жду, что за мной приедут на днях
Верхом на стальных конях,
С мечами на узких бедрах,
Всадники, крепко сидящие в седлах.

Ты можешь считать все это бредом,
Наслаждаясь своим дешевым обедом,
Но посмотри в пустоте зеркальной
В глаза самому себе:
Как и я, ты живешь нигде.

ЗДЕСЬ И НИГДЕ

Как филолог Ницше
В поиске новых слов,
Я вроде бы здесь,
А вроде бы и нигде,
Продавая иконы битлов,
Думая о п... .

Мне открыли тайну любви.
Мне открыли тайну воды.
Но зачем мне любовь?
И зачем мне вода?

Яблочно-маковый смех.
Я постоянный объект расстрела.
На моем лице остатки мела.
Я не могу отвечать за всех.

Я живу здесь один.
Проникая в мусорный бак,
Не найду в нем конфет козинак,
Не найду порошок кокаин.

Параноидный доктор
Поставит мне параноид.
Суицидный юрист
Порекомендует мне суицид.

И в новогоднюю ночь отстанут,
И остановятся стрелки часов.
Остановятся знаки минут.
Остановятся тени секунд.

Все идолы тоже уснут.
Счастье, радость, бодрость несут
Для молодой детворы
Бритвы, ножи, топоры.

* * *

От листопада до листопада
Я выживаю в среде коммунизма
Ради фруктов, конфет, шоколада,
Маминой ласки и онанизма.
Я не могу жить иначе.
Я как в детстве кусаюсь и плачу.
Я на работе в ударники лезу.
Я занимаю очередь в кассу.
Ради водки, ликера, пива и мяса.
Рыбы, горчицы и майонеза.

Я искусствовед, методист и системщик.
Я знаю толк в эстетических башнях.
Я вместо ветра на площади дую.
Я товар только правильный рекомендую.

Я профи-эксперт-аналитик,
Сеющий семя позора.
Я коллекционер порнотитек,
Преданный господам до упора.

Я вагоно-мешочно-сахарный босс
В ожидании раскола,
Принимающий с рук банно-саунных коз
Бокал ядреного рассола.

Я ради счастливых минут,
Я ради счастья пещеристой губки,
Любой эстетический вынесу зуд,
И бред политической проститутки.

Я шахматист без деревянных шахмат,
Стреляя из головы метеоракетой своей злобы,
Стреляя из мертвых глазниц почти наугад,
Я рассею свинец неба депрессивной погоды.

Я шахматист без компьютера, без монитора,
Прижигая свои ожоги сернистой дрянью,
Прижигая скупость молчаливым укором,
Я соединю богатство с живописной рванью.

Я суфражистка без своего салона,
Я игрок в теннис без престижного корта,
В поисках игроков первого сорта,
В поисках доступного женского лона
Или расширенного заднего прохода,
Сам себе и гомо, и би,
Считаю оставшиеся мне дни,
Считаю толстые кошельки
В ожидании окончания
Финансового года.

* * *

На фоне переросшем жизнь
Желании смерти,
На фоне переросшем болезнь
Желании себя убить,
На фоне страха вероятной боли,
Не только стали непонятны мне,
Но стали бесконечно далеки
Эмоций ваших университеты,
И странные порывы психопатов,
И слабой воли вашей тупики.

Я превращаюсь в новое пятно,
На ваших картах белых пятен.
Я белое пятно между добром и злом,
И как закрытая от посторонних зона
Я злобен, агрессивен и опасен.

Я закрываю дверь в свой дом,
Которого нет более на вашей карте,
Как нет зеленых листьев у деревьев в марте,
Как тени нет второй у первой тени,
Как не имеет точной середины день.

А вам бы лишь не допустить
Просчет, ошибку в вашей теореме,
А так на все, готовы вы, глаза закрыть.

И, следуя традиции
Обыкновенных полутеатральных правил,
По полулегальной схеме
Сеять этот полуфилософский капитал
На телеполях чудес.

И наблюдать автоматический оскал
Телеведущего в течение телесеанса
Сношений с бесами
Семейной крепости и социального заказа.

Но разгадать бы собственную тайну,
И разгадать бы за свою последнюю неделю
Ее, загадку черного туннеля.
Припоминая богословов схоластические догмы,
Припоминая выводы ученья шуньявади,
Припоминая выводы из сновидений Карла Юнга,
Им сделанные эмпирической науки ради.

Припоминая то, что женщин как перчатки
Меняют настоящие пираты,
И в каждом символическом порту
Их и любовь, и дружба ждет.
Припоминая то, что я, возможно, тоже
Есть Казанова в некотором роде.
Забыть мне следовало бы и ее,
Свою последнюю подругу.
Но так случилось, что скорее самого меня
Она сочтет умершим в символическом походе.

Я отвлекаюсь от ненужных предрассудков,
Таких как брак, семья, земная церковь,
И, распростертое над нами, ее защитное крыло.
Я как ребенок лишь веселую игру запоминаю,
И вспоминаю как старик одно болезненное зло.

И вспомнив эту боль, сравню по силе
Я ее с другой, с последней вероятно болью,
Которая мешает мне
Последний сделать шаг
С любой многоэтажки
Городской
.

А может быть случится так,
Что ветра зимний вихрь
Сорвет с меня и память и собьет рассудок,
Поскольку, где же знать мне
Что приносит холодный ветер
В этот мир собой.

* * *

Внутри меня живут
Окостеневшие законы,
И заставляют жить меня как подобает.
В пределах нормы
Я ползу туда, куда никто не знает,
Или куда-нибудь лечу.

Но регистрировать обязан
Постоянно
События и тайные мотивы
В журналах и таблицах нарушений
Для информации и справки
Судье и палачу.

Я гибок и готов к измене
Как шея африканского жирафа.
При норме штрафа
На начисленное пени
Я, как и все, экономически зависим.

Я верю, выберусь
Из паутины этой лени
С пакетом нужных для карьеры писем,
А также устных
Рекомендаций.
Никто меня не заподозрит,
В том, что ночью я хочу
Иных недобрых
И небезопасных
Акций.

Но все же, мудрецы,
Какой ваш бизнес,
На основе ваших правильных идей,
Окажется превыше
Всех наших личных интересов
И наших темных чувств?

ПАТРИОТИЧЕСКАЯ БАЛЛАДА

- 1 -

Там, где мне досталась работа,
Мне помогает русская лень.
Я люблю собак и охоту.
В бане могу пробыть целый день.

Я утром люблю березу в тумане.
Я ночью люблю березу в печи.
Зимой люблю русские сани.
Летом люблю святые ключи.

Всегда рядом роятся евреи.
Копит злобу продажный масон.
Но три мои чугунные шеи
Выдержат и реальность, и сон.

Ослепило глаза мои солнце.
Остудила кровь мне луна.
Но я протру дома оконце.
И в гости придут кум да кума.

И забурлит самоварное счастье.
И закипит моя русская кровь.
Где угодно и в любое ненастье
Я сохраню к России любовь.

- 2 -

Я люблю смотреть свой цветной телевизор
И книги читать про Дао и Дэ.
Я люблю женщин, несущих нелепый вздор,
И умею играть на модной трубе.

Я человек разносторонний
И голосую за разных чертей.
Но среди чуждых мне космогоний
Я выбираю русский елей.

Если я выпью водки в меру,
То открою и главный секрет.
Я борец за новую веру
И ношу на пузе крест-амулет.

Я напитан ученьем и силой нагваля
В объеме, чтобы мог всегда убедить
Подвернувшуюся мне жидовскую кралю
После акта любви о связи забыть.

Но я хочу в жены русскую ведьму.
Чтоб в горшках варила и кашу и суп.
И на всякого черта волшебное тьфу
Слетало б с ее огнедышащих губ.

- 3 -

Я внутри не такой, как в светской жизни.
Я не люблю злословить и лгать.
Мне на ваш конформизм
Плевать.

Я люблю иконы и ладан.
Идолы смотрят
В щели моей души.

Я люблю дискотеки дурман.
 Меня хорошо бодрят
Черные малыши.

Я люблю альпинизм
Любого вида.
Мой гедонизм
Ваша обида.

- 4 -

Герой военного режима
    (
        не то распущенного быта,
        не то фальшивого уюта,
        не то фашистского фуршета,
        не то с пельменями обеда...
)
Вдруг осознал, что жизнь разбита...
На поножовщину и драку
Решился сразу и зарезал
Детей и лидера по браку.

А героиня деревенской тишины и скуки
    (
        не то что страсти ложной,
        не то что ложной муки,
        не колдовства боясь,
        а медицинской злой науки...
)
Вдруг поняла, что жизнь прекрасна...
И засветилась ясно, ясно.
И если разожмет в кармане фигу,
Для модной серии напишет книгу.

- 5 -

Мне так смешно,
что я живой.

И я с тобой.

Все что я когда-то давно
Тебе говорил
Ты зачем-то запомнил.
И себя самого считаешь
Героем труда.

Правда одна.

Ты станешь всего лишь
Героем могил.

- 6 -

Какие-то истины трудно понять,
А какие-то песенки трудно забыть.
Если я научился лгать,
То мне легко научиться жить.

Слушая то, как шумит река,
Слышу голоса и шаги...
Чем вялая твоя рука,
Лучше нищета и враги...

Отец Иегова и Царь Иисус
Продолжают борьбу за потомство Адама.
Мне по душе, милая дама,
Твой разносторонний вкус.

Православные храмы строго молчат.
Может быть, в ожидании чуда.
Попы на диете и ближних съедят,
И первое и второе блюдо.

Грядет отец-патриот,
Новый парламентский хам.
Он попотчует нас с телеэкрана,
Кривя нервный рот.

И вступив на новую эту стезю
Попадешь очень скоро, милая дама,
Не в пасть дракона отца Иоанна,
А в досье чиновника папы Зю.

- 7 -

Харе Кришна.
Харе Рама.
Я здесь лишний
Среди шума и гама
И дешевой суеты.
И также лишний
Здесь ты.

Аум at home.
Дешевый Китай.
Из всех глаголов
Важнейший - дай.
Ты себе выбрал дом
В стране монголов,
Туда и езжай.

- 8 -

Цепляясь за веру в любовь,
Думая о еде,
Я жизнь истратил по мелочам,
Но скажу спасибо судьбе.

Кто-то хотел изнасиловать мать
И посажен за это в психушку.
 А я ложусь в кровать
 С веселой русской подружкой.

Чья-то жена и поет и танцует,
И получку берет себе всю до гроша.
Мои друзья никогда не флиртуют:
Ноксирон, циклодол и анаша.

* * *

Как типичный средний янки,
Стоя над пропастью во ржи,
Ты возьмешь эту жизнь с изнанки
И к ней применишь технологию лжи.

Я знаю ты хуже бомжа.
Ты зарежешь меня без ножа.

Я исчисляю время.
Срок твоего обмана.
Для тебя это бремя.
Для меня это рана.

Иной мошенник нашел работу
В пирамидальных структурах.
И ушел целиком в заботу
Петуха о сексуальных курах.

Я в систему пойду за справкой дебила.
Попаду на прием к твоему спецврачу.
Сформулировав точно, что я хочу:
Только пять миллиграмм ваших чернил.

Где-то в небе ночном летит
Спутник сотовой связи.
Пусть он поможет душе
Очиститься от грязи.

Я знаю все о воскресении плоти...
Вещие сны мои, вы ли когда-то умрете?..

Я арендую твою тойоту.
Я оплачу расход бензина.
Мне с тобой прокатиться охота.
От Афин до Иерусалима.

БЛАГОНАДЕЖНОСТЬ КОЗЕРОГА

Трансглобальность моего злобного эго,
Бизнеса мелкой инфузории,
Практически невозможно доказать строго
В рамках нормальной теории.

Но, когда это пустое отверстие неба,
Звезда с названием Солнце
Освещает ночью планеты,
Где жить гораздо хуже -
Марс и Луну,
То в отраженном свете
Спесь этого мира
Кажется мелкой игрой
В стиле дзен,
В которой любой человек "наш",
Кто соблюдает мораль,
Слегка нарушая логики плен,
Правил тюремной параши,
Способен сам быстро стать Буддой.

И тогда я понимаю, что и я здесь
Не лишний,
Кому-нибудь нужен,
Пригожусь...

Из бездны, черной пустоты,
Из тростника, из камышей
Я появлюсь на поляне лесной
И обнаружу корм и жертву,
И уведу с собой подругу.

И капитал наличный,
Когда вложу его
В реальный бизнес
Мне даст устойчивую
Прибыль и власть.

Тогда родные и друзья, -
А для кого-то спонсором был я,
А для кого-то только лишь
Дарителем досужих сплетен -
Все станут в круг
У моего торжественного гроба,
В конце моей земной дороги,
Припоминая, может быть грустя в тревоге,
Кто щедрые излишки
Моих потраченных на них
Материальных средств,
Кто, только лишь,
Мой Знак Зодиака, Козерог.

Но что же вспомнил я,
Про эти звезды,
Хотя земных дел,
Хоть отбавляй.

И следуя советам друга атеиста,
Я в церковь запишусь,
Чтобы душа была чиста
И ведала смиренье и покой.

Но большую я доблесть
Вижу в том, чтобы
Разнюхать путь к земле,

К материальному подвалу мира,
Набитому лишь фактами
И данными науки,
Такими, например, что атом
Можно бесконечно расщеплять на части.

И это радует меня,
Не только тем, что
Этот бедный атом существует,
Но тем еще, что он гниет
Десятки миллиардов лет,
Хотя я сам живу лишь век,
Веселый хищный человек.

И чтобы как-нибудь мне противостоять
Могильным уравнениям,
Живущих миллиарды лет холодных минералов,
Мне предстоит коснуться
И молиться Ей,
Моей единственной Любви.

В условиях иных задач
Пробелов нет,
Чтобы сослаться на фатальную,
Наукой установленную их неразрешимость.
И остается либо быть, либо не быть,
Как только принимаешь
Аксиомы эти всерьез.

А так как на Земле Прекрасное живет,
И дышит негой женских плеч,
Оправленных мехами дорогими,
Охотниками содранными
Со звериных тушек,
То даже скоротечный рак
Не панацея,
И остается жить мне с ними,
Последнюю любовь лелея,
Под знаком Козерога.

Но сколько можно,
Каждый день одно и тоже повторять,
Что Бог и Дьявол, стоя рядом,
Как две продвинутые шлюхи,
Подстерегают каждый час и день,
Мою измученную душу.

Гораздо благородней
Взять стакан,
Наполненный вином Хайяма,
И растянуть реакции химические мозга
На годы кайфа.

А то и рюмочку
С крысиным ядом опрокинуть,
Употребить вовнутрь,
И оказаться там, в холодной яме,
Еще быстрее.

Но я читал про коммунизм,
И я читал про муки ада,
Поскольку научили в детстве раннем
Читать меня.
И прививали в школе
Литературы карму
Словесности инструктора
С партийным оком.
Желая, якобы,
Добра и добродетельной карьеры
Мне, Козерогу.

Все эти буквенные пряди,
Аналитические структуры текста,
Доступные живому человеку
И непонятные машинам,
Проникли в душу глубоко,
Что стало для меня
Похуже героина.

Теперь, запущен
Без права хода вспять,
Как терминальная болезнь,
Псевдопознания процесс.
И эти жернова для порождения
Цепочек слов,
Гуманитарный аппарат - я сам.

И сквозь продукции больного мозга,
Частенько ничего не вижу я,
Не вижу ни Прекрасного земные лики,
Ни звезды новые на небесах.

И я живу как пес, что воет в ясную погоду
На созвездье Гончих Псов,
Либо глаза его слезятся тускло в ядовитом
Земном тумане.

И Бог увидит, может быть, как в этой жизни стало
Плохо все, что он придумал для себя.
И умирать не станет, следуя доктрине Ницше.

Ссылаясь на безликие кармические силы
И на свою библейскую карающую волю
Он дураков корабль бесперспективный
И всех ученых, знание стяжающих себе,
Утопит в океане сущем до начала мира.

Так что удержит в этой жизни
Блаженного в своей свободе воли,
Имеющего бизнес-план иной
В своем пустом кармане, Козерога,
Простого мужика?

Приколы брачного контракта, вряд ли,
И твердая мужская рука,
И твердость каменного жезла другого...

Достаточно адреналина капли
Ввести партнеру в кровь,
Рассчитанным умело жестом,
Как вора, ставшего бандитом, ножом.

Чтобы открылись широко на истину
Глаза, расширенные яркой вспышкой
Света...

Как эта вспышка исчезает,
Так и любовь, и вера, и надежда
Исчезают следом за ней.
И некому мне, Козерогу,
Давать советы...

Да и советы мне давно пора давать себе
Без помощи друзей,
Не устающих никогда от ссор и споров,
В расщелинах сидящих смирно
Своих волшебных гор.

Мужчин и женщин, всех друзей
Я веселил, смешил и развлекал,
И притворялся изнуренным козлом
И окрыленным мультиинструменталистом,
И право их открыть музей,
Или архив посмертный мой
На траурный и тусклый сбросить cd-rom.

Но я то знаю то, что
Посещал один глубокие слои сознанья,
И знаю то, что память обо мне
Войдет в копилку Высших Иог,
Угодных Богу,
Но только там меня, увы, пока еще
Никто не знает, Козерога.

* * *

Теперь, когда я теорему доказал себе,
Что жизнь земная мне необходима,
Как коту весеннему поход на крышу,
Стихов я больше не пишу,
А жду, любимая, тебя.

Я виноват, конечно, в том,
Что не хочу быть человеком.
Судьбу свою увидел быть котом
И не болеть двадцатым веком.

Я перестал держать в своей кошачьей голове
Плохие мысли и гнилые аргументы,
О том, что мне пример великий суицид Сократа.
На чердаке гуляет девушка моей мечты.
В подвале я найду духовного собрата.

И лучше в жизни быть котом,
Чем темным пролетариатом,
Играть с торчащим вверх хвостом,
Чем с огнестрельным автоматом.

* * *

нельзя болтать о вещах и предметах
о которых не знаешь даже то
что они существуют

о чем ты молчишь?
когда ты придешь?

нельзя болтать о страшных кометах
бессонной ночью пожирающих твое тело
твои зубы кости печень и уд
и вместе с ними звезды на небе

будешь много болтать о себе
психиатр откроет черное дело
на тебя и на твой генетический код
на весь твой прошлый и будущий род

нельзя говорить о том что не знаешь
пусть они думают что ты вздыхаешь
о том что волнует законопослушных граждан
огорченных вечерней телепрограммой
психотронным каналом жидов и масонов
Россию лишивших покоя и золотого сна

только ты мне все расскажешь
 это больше чем дружба
ведь скоро наступит весна

СМЕРТЬ КОЗЕРОГА

Внутри моего злобного эго
Уживаются евреи и патриоты.
Почивать изволят в сладкой неге.
Без тревоги, без заботы.

Прошлую жизнь, увы, я не помню.
Десять последних лет были поганы.
Не купишь в супермаркете небесную манну.
И пьешь диетический спирт в углу укромном.

Многообразие локальных цивилизаций
Ставит крест на правилах самоопределения наций.
Какая, к черту, в этой стране революция?
Какая, к дьяволу, еще электрификация?

Я отправляюсь смело
Во внутреннюю
Мою эмиграцию.
Какое вам до этого дело?

Ты Вселенную и Землю любишь,
Деревенщина и темнота.
Я люблю сильно Васю, то бишь,
Моего дорогого сибирского кота.

Нам сообщали, что мир говно.
Бог единый умер давно.
Вождь, фюрер, кормчий
Также издохли в корчах.

На Маньчжурских сопках,
На островах Таити
Карамельные попки
Ждут соития.

Чему учили нас Лао да Мао?
Все пребудет в реке Дао.
Все равно
Для полицейской дубины,
Для проверенной током нежной резины.
А также и козни всех наших врагов,
Изобилия рог, панихида богов.
Вся жизнь есть мистический сена стог.

Примет новый эон,
Расстанется навсегда с этим миром и он,
Тогда когда придет его срок,
Козерог.

Не прослывешь мессией,
Не прокормишь жену и детей,
Концертируя по России.

Выбрось смычки и гитары.
Плюнь на Христовы отары.
Отправляйся, мой брат, на сбор стеклотары.
Оскалишься веселей, станешь пса лютого злей.

Совершаешь дурные дела,
А слывешь добряком.
И сажа бела,
И фонарь дружит с молотком.

Мир по Платону
Подобен притону.
Голова седа -
Пришла беда.

Яркая смерть Козерогу
Так необходима.
Но перед Богом
Все едино. Все равно.
Все срамно.

Я отличаю грех, вину
От бреда друга наркомана.
А в трудную минуту
Я готов и сам
За помощью податься в собес.

Ведь ясно, бегство в лес
И даже на столичный бульвар,
Противоречит плану
Заповеданному нам.

Ведь главный божий дар
В любви, в терпеньи состоит
И по Христу, и по Екклесиасту.
Так кто же спорит?
Я, Козерог?

Да я готов валяться
В ногах чиновников
И под ногами нищих,
Лишь бы меня любили самого они.

А что мне этот Иегова,
Который сотворил Адама
И научил его
Себе подобных трахать,
Что трах, то рана.

И если раньше я не звал
На помощь друга терапевта,
Теперь когда Псалом почти допет,
Лесная птица
Властно закричала,
Я соглашусь не торопиться
И принять
Моей любви земную тень
И все другие лица.

И страх последний остановит, может быть,
Мой мрачный и холодный смех
Над вашей хитроумной
Самообороной.

И я уже сейчас боюсь, что бес не спит,
И именно в последний миг
Откроется мой тайный ключ
 Слуге постылого ловца.

Хотя мне неизвестны планы князя
По поводу моей души,
Едва ли мне от неизвестности такой
Живется лучше.
И мой инстинкт сильнее меланхолии заразы,
Подстегиваемый хлыстом надежды.

И неужели я напрасно редко посещал
Врачей глухие кабинеты
И актовые залы
Ваших партсобраний?

И неужели все мои стихи
Есть только длительный предсмертный бред
И результат пустых переживаний
И не поймет никто их, даже ты?

Мое расколотое эго
Стало злее
От ядовитого лекарства
Смеха и страданий.

Мне пляшется веселее
 На канате земного царства.

ЧИСЛО ЗВЕРЯ

Мне ничего не нужно
Кроме того что я имею уже
В поле игры также вложен
Мой импульс
Энергии хватило бы нескольким Казановам
Мне снятся колесница Арджуны
И дружеские отношения с Верховным Божеством
Но это только лишь
Сон и видение души
Отторгаемой ненадолго от тела

А тело хочет быть сильным здоровым счастливым
Сытым земным существом
И иметь здоровые зубы и острое зрение и тонкий слух
Чтобы искренне восторгаться
Гастрономическими деликатесами
И шедеврами живописи
Слышать фортепианные эксерсизы Моцарта
И шум экспериментального авангарда
И верить наивно всякой ученой сволочи
Верить в свою собственную ложь

Теперь я хочу лишь смотреть на толпу
Наблюдать лица и жесты
Мне не нужно ничего
Только лишь постараться запомнить
Что я был здесь вместе со всеми
Что я был допущен к игре
И по правилам получил то же
Что и все получили
Похмелье от массы выпитого пива
И пустоту мочевого пузыря
Тепло зимой и прохладу летом
Шелк кожи партнера по сексу
Ветер весны радость куска
Все это мои ощущения
Чувства и мысли

Мне ничего не нужно
Кроме того что уже есть
Кроме того что уже мне дала
Синергетика коллектива
Энергия соцсоревнования
И меня вовлекала в эти процессы
Я каждый день шагал на работу
И платил в профсоюзную кассу
И возвращался в исходный пункт
В никуда и в ничто
Отличное место для восстановления
Ресурсов внутренних ощущений
О чем мне рассказано было
Лучше кого-либо Кафкой

И жизнь животных мне была бы
Близка и понятна лучше чем
Нормативная любовь человека
Но я иногда слышу органные мессы Баха
И хор в церкви убогой
И думать начинаю иначе

Может быть эти люди способны
Построить мечту умного Маркса
Где-нибудь в Северных Штатах
Жалком подобии горнего мира
Где-то на сытой родине Клинтона
Героя войны двадцатого века

Чувство вины переходит упорно
В чувство стойкого гнева
Что же это такое
Когда ты готов присягать любому фюреру
Каждый раз снова
Чтобы иметь возможность продолжать
Свои занятия бизнесом

И ты ищешь женщин
Не столько для любви
Сколько для родов детей
Чтобы приумножить легионы
Для новой холодной войны
Обеспеченных янкиобразных

Социум и счастье совместимы
Престиж программируется
Ими самими
Если сказка становится явью
То я умирать не хочу
Я хочу посмотреть
Что же будет в трехзначной серии
Трехзначного телесериала
В котором стерва Элен всем ребятам
Подарит абсолютные прсзрвативы

* * *

Среди осколков христианской любви
Бродит человек-волк.
Никак не возьмет в толк
Зачем повсюду костры разожгли.

Среди руин философских систем,
Придуманных им,
Хватило бы места всем
И добрым и злым.

Человек-волк на своем посту,
Среди боевых хищных дружин,
Верит горящему кусту
И как всегда живет один.

Он торгует и словом и делом,
И для них он всего лишь вор,
Пойманный на границе между черным и белым,
И ему приготовлен ими очищающий костер.

Кто-то откажется верить,
Что человек-волк этот я.
Но память не умирает,
И у меня как у всех вас была семья.

И мне ни к чему другое,
Простое личное счастье.
Я играю своей душой
Как играете вы карточной мастью.

Этот образ обобщите
С высоты ваших светлых кухонь
В нажитых башнях панельных.
Вы увидите
Смутный огонь
В мирах беспредельных.

165

* * *

Мне кажется, что мне необходимо,
Сейчас же зафиксировать ресурсы,
Мои психические силы,
Которых, кстати, очень мало.

Ведь нежные побеги
Будущих свершений
Всегда нуждаются в защите
От лицемерных экспертных оценок.

Так летопись седых времен
Как путеводная полярная звезда,
Как Ариадны нить, что слугам,
Что высокомерным господам.

От цикла нового карьеры
Отказаться я могу.
Но так давно меня притягивает,
Манит возможность
В золоте купаться.

Хотя я и плевать хотел на ваши
Схемы достижения
Универсального порядка,
Как мне не гадко
На душе, опять иду.

Молоденький барбос иной
Залает веселым лаем,
А его побьют и напугают
Бесперспективностью
Геенны огненной,
А то и раем
Стерильным.

Веселого шамана с бубенцами
Услышит песню, звуки Concerto Grosso,
И всосет мозгами малыми
Инструкции гуру и босса.

И хорошо, если умчится
Душой невинной в Гималаи.
Иную жертву холотропных сессий
Догони попробуй.

Ведь вместе с пеной скучных буден
Он примет цепь пошаговых инструкций
И станет мертвым скучным зомби.

И будет весь остаток жизни солдатом
Гвардии печально обреченной
На одинаково унылые без приключений дни.

ПОПЫТКИ ПОЛЮБИТЬ

У меня любимое слово - я
Твое любимое слово - все
У тебя есть твоя семья
На меня ведется досье

Ты пропитан потом денег
Я пахну парами эфира
Ты трудовой бездельник
Я центр другого мира

Я умру чтобы вечно жить
А ты превратишься в бесплотный раствор
Мой последний ночной разговор
Был попыткой тебя полюбить

Я отрицаю сияние пустой бездны
Не отрицая Космос
Мой последний вопрос:
Были ли ты и я Ему полезны?

Все тебя знают и тебе наплевать на форму
Ты борец за рациональную суть
Но тебе ли по силам вернуть
Нам с тобой свободу горную?

И новой системе продавшись
Более технологично
Ты с каждым разом начинаешь
Говорить все более логично

Я не успеваю слушать
Я не успеваю жить
Но я продолжаю делать
Попытки тебя полюбить

Слушая каждый день речи
Преображенных волхвов
Всю их рациональную мудрость
Мне становится скучно
Излучать ненависть
Мне тяжело становиться искупать
Тяжесть собственных грехов

Исполать тебе мещанин
Фашист и тебе мое исполать
Добродушно смеется господин
Когда я ночью не в состоянии спать

Мне достаточно самому простить
Или Отца моего попросить простить их
Но я хочу одного
А то и двоих
Искренне полюбить

Есть ли смысл говорить
Что веришь в Христа
Если ночью считая до ста
Считаешь и тех кого хочешь убить

И я готов носить
Не одну театральную маску
Чтобы иметь шанс возлюбить
Однажды человека-сказку

Из уст эстетических шлюх
Так много я принял речей
Но всегда наблюдая за фальшью

Напрягая мой тонкий слух
В тишине бессонных ночей
Я готов жить с ними и дальше

* * *

Когда-то он
Спустился с гор,
Вор по имени никто...
Как психопата
Бритва и топор в петле осеннего пальто
Его идея...
Теперь его души отрава
Тянет неотвратимо
На одиночества пустое дно...
На кладбище возможных
Злых и бесполезных миров.

Глаза, закрытые бельмом янтарным,
Еще припоминают чистоту прозрачного кристалла,
И за трехстворчатыми гардероба дверьми
В чехле сварливою женой упрятан мундир капрала.

Привычный штамп привычно ищет рыхлый мозг
И пальцы похотливо рыхлый член щекочут.
Китайские божки стоят повсюду и над ним хохочут
И тело старческое извращено хочет розг.

Пылится в сундуке заветная тетрадка,
Которую рука его костлявая успеет раза три-четыре
Открыть и пролистать,
Затем же вычеркнет его из мира
Рука иная, имеющая власть.

И он успел подумать перед
Перед спазмом смерти, что
Хорошо бы было взять с собой
В дорогу дальнюю наивный
Детский след надежды,
Сохранившей вечности
Тепло живое.

* * *

В кубок русского вина,
Опять кидая отраву,
Про сон, еду, секс забывая,
Поднимаюсь опять со дна.

Целуя крест,
И крестясь металлом,
Ожидая от неба
Только одну лишь Благую Весть.

Прощаясь со старым...
Прощаясь со старым...
Прощаясь со старым...

Мои калькуляторы
Устали от краха,
Мне ни к чему стимуляторы,
Опираясь на Иоганна Баха,

Привыкаю к новому ритму...
Привыкаю к новому ритму...
Привыкаю к новому ритму...

Я был бы жесток,
Если бы не был так жалок.
Моя голова устала от палок,
Внутри моей головы стучит

Ваш тупой молоток...

ЯСТРЕБ

У меня холодная кровь
Я был рожден из яйца
Снова в этот день
Я вспоминаю моего праотца
Покорившего небо

Я один из потерянных сыновей
Бороздящих высокую синеву пустоты
Иногда мне достается любовь
И каждый раз свивает рябая пернатая шлюха
Гнездо для птенцов безымянных моих

И проклятие рождения из скорлупы
Остается и гнетет мою гордость
Мой угнетает свободный полет
Унаследованный от Икара
Источника всякой
Данной мне
Воли

Всегда параллельно линии моего полета
Присутствует звездный трек
Времени великого человека
Икара вернувшегося с удачной охоты
Сердце пронзившего
Живой стрелой
Гуманной боли

Я лечу мимо горных хребтов
И рябые самки мои зорко
Следят за пространством
Высматривают на обед сусликов и хомячков
Не брезгуя и кошкой домашней
Возле жилища двуногого родича

На обед и себе и потомству желторотому
Будет теплое мелкое мясо
Но я в моем небе не имею особого интереса
К этой птичьей кулинарии и я уже давно улетел
И охота моя относится к нечто большему
Чем продолжение птичьего рода

Может быть верно и то что я постарел
И я не могу как прежде меланхолично бездумно
Клевать кровавые тушки
Для преобразования семени ястребиного
В десятки яиц скорлупою рябою покрытых
Носителей вероятия жизни
Подобной моей
В общем
Пустой и
Ненужной

Я околдован угаром
Потерянных лет
И понимаю
Как легко потерять этот мир
Без надежды на счастье в мире ином
Где скорее не будет ничего кроме ада
Ни матери ни отца ни подруги
А пока что факт есть
Я лечу ниоткуда никуда

Я слишком хорошо знаю
Что ниже моих гор
Ниже моей последней тюрьмы
Нет ничего
Кроме долины с народом двуногим и злым
Без перьев
Без когтей
Без железного клюва
Потомком раздоров между
Икаром и мною

У них есть культура
Калоприемники утиля
Равнодушия жадности скотства
Разнообразных отходов
Воспроизводства

И все это
Их и мое
Теперь только лишь
Декаданс
Дел прошедших былых
Ястребиных
Охотничьих
Вспышек высшего духа
Не для меня и не моих
Для никого и для всех

CELEBRATION OF THE WOLF

Из пустоты,
Пытаясь измениться
И сдерживая бред,
Меняю голос.
Не слышен шаг... один,
Но слышен шаг за шагом,
И знаю я, что все реально,
Что есть Ты.

И лапа, если когти втянуты
И хрящ размяк,
Покажется нежнейшим поцелуем,
Но вряд ли счастьем,
Хотя разумен знак
Сам по себе,
И это также
Знак Тебе.

* * *

Управляют движением лунного танка
Результаты твоих наблюдений.
Боевое бренчание панка
Поднимает твое настроение.
Но так тщетно все это,
Абсолютно бессмыслено
Для твоего контроля за мной.

Сильна семья червей подземных
Своим движением упорным
Всегда вперед, всегда навверх.
Они предвидят наверху невидимый
Источник жизни, тепла и светлых грез.

Питание цепей природных
Лучами одиноких звезд
Червей - поэтов окрыляет,
Червей - солдатов влечет
Навверх, навверх, навверх.

Который длится век
Метафизический червей - схоластов капустник
На тему кто обижен Богом меньше:
Безглазый червячок, за падалью охотник,
Или, его пожива человек разумный,
Чей труп в гробу щеластом служит
Основой добродетели жиреющих личинок,
Несущих на плечах неслыханное бремя
Продолженья рода от начала мира и
До светлой и торжественной всего кончины.

Когда ослабленное солнце отмерит меньше
Дозу, для всей земли животворящего флюида,
Тогда накроет весь материальный мир
Прогнивший, разросшаяся до размера
Каменного шара, Антарктида.

176

Я знаю... как ты ненавидишь... Beatles... ,
А... Dead-Can-Dance... не понимаешь,
Ты хочешь слушать лишь... нашу попсу... по-русски,
И я, поверь, так рад, что ты, пока еще живой,
И то, что мы живем раздельно - огромный плюс.

Мне хорошо, когда никто не знает,
Всего того, чем занят я сейчас,
И все твои горячие дела суда напрасно ожидают,
Мои холодные оценки не волнуют вас.

Мои посмертные оценки не касаются всех тех, которым
Понятен ход простых вещей, небесное вращение планеты,
По гороскопу выверенный состав диеты.
Планета эта скоро станет
Странноприимным домом
Для последних червей.

Анархия и бунт, геополитика и бизнес иссякнут
И со сцены навсегда уйдут.
И те, кого так долго ожидало
Забальзамированное святое тело,
Врагами тления хранимый последний
Десерт червей,
Ворвутся в мавзолей,
Съедят последний труп.

РЭП (I)

Я вышел подышать
Такой хороший день
Смех веселых людей послушать
Мне самому смеяться лень

Приятное знакомство
Оплата начиная от ста
В небе сияет звезда
Любовь - колдовство

Так свеж и душист
Ее макияж и тело
Было видно что я счастлив
Как только закончил дело

Румяный налив ее щек
Отрезвляющий щелчок
Я интерактивен
Я гетеросексуален
Я не мастурбатор - онанист
Простой маленький фашист

Р Э П (II)   (флагеллация)

- 1 -

Душно и жарко ночью в июне
Мне не жалко во сне
Время мое убивать на перине
На волшебных нарах
Волшебные чары

Моя улыбка мое кредо
Как для улитки сон до и после обеда
Секс до утра
Включая и секс с самим собою
От беззубой старухи смерти
Отбиваюсь тяжелой
Самобичевания плетью

На подушке дремлет около моего ушка
Не то котишко не то хрюшка
В клетке райская птичка
Не то попка не то синичка
В углу на коврике песик
Я виртуальной революции
Маленький виртуальный матросик

- 2 -

В мое сознание проникает
(почему - кто его знает)
Музыка - образ вечности и Бога
Я знаю толк в полный рост
Я сдерживаю бег адский на погост
Мне известно какой может быть Тревога

Я могу не спать десять ночей
(привилегия безумия и болезни)
И отдаться в руки врачей палачей
Чтобы остаться словом в песне

179

Фантастической силы
Движения моих рук
Сообщают без звука
Приказы вскрывать могилы
Мое безумие - ваша нормальность
Лишенная социальной силы
Идеальная двойка самость - реальность
Из эфира фуга ложится на бумажный лист
Счетчик ритма помеха гениальности
Я простой маленький фашист

- 3 -

Я отполирую линзы очков
Чтобы различать лучше морды дурачков
Чтобы различать необходимую ложь
От необходимой правды
И различать номиналы купюр
И номера уголовных статей
И различать ты и вы
Кто-то бесноватый фюрер
Кто-то лишь беспомощный гей
А я наполняю ваши траншеи и рвы
Удобрением для английской травы

Я не хочу кончать проповедь
Нотой тяжелой и мрачной
Я не люблю смерть
Я предпочитаю славе призрачной
Юбилеи и посиделки
Безусловно без больничной сиделки
Пока мой череп покрывают густые власа
Я буду танцевать не слушая нелепые голоса
Не слушая призывы
 Чужие и злые
Вы мои любимые
Вы мои дорогие

Р Э П (III) (Золотая Орда)

Я люблю зимой у огня
Читать и мечтать.
Мой камин поставляет мне жар,
Которого не нахожу я
В душах друзей.

И только мертвое и прекрасное
Мне равновелики,
Когда я листаю неторопливо
Листья Дерева Мысли.

Моя доктрина ясна,
Но понятна немногим.
И мои Лары откроют мне
Мой слух и мой внутренний голос.

Я готов к услугам железному веку.
И неторопливой беседы ход
Пусть превратится в законы
Для обуздания антиморали.

Карл Маркс этого тоже хотел,
Но летело время быстрее и холод объял,
И могила теплой постелью стала едва ли,
Но незабвенная дышит идея и мысль.

Ночью в зимнюю стужу
Щеки мои горят
И глаза налиты тоже огнем,
Я генерал Золотой Орды Платона
И мои - миллионы душ.

Р Э П (IV)   (папа, где ты был во время войны?)

- 1 -

Была беда,
Но ушла,
Был вторник, была среда,
Но в четверг ты меня нашла.

Ты размахивала топором,
А я угрожал тебе тамогавком,
Но все кончилось тем, что за добавкой
Мы отправились в гастроном.

Танцы, песни в дождь, ненастье -
Только ты дала мне счастье.
И твоя подруга
Тоже любит бугги.

И твоя мамаша -
Тоже баба наша.
Режет без ножа
Правду - папку Джа.

- 2 -

Среди горных районов Алтая
Рассеяна жизнь, сестра моя Кайя,
Но не знает никто зачем она там такая...

Среди полей России
Плотность народов такая уже, что достойна Мессии,
Но меня ты прости...

Сестра моя Сара - задача стара -
Выжить в песках пустыни Сахары,
Но прости - на турецкие шаровары
Выменивать самовары...

Если я не преступник, не вор я,
То кто же, Бог мой, в этой стране, тогда я?
Ответь мне, сестра моя, Кайя.

- 3 -

Теперь каждый день я слышу
Окрики - HI -
Моя нестабильная крыша
Приехала в рай.

Папа, где ты был во время войны?
Тебя ставили лицом к стене?
Верезали свастику на твоей спине?
Папа, когда ты вернешься ко мне?

Каждый день на слуху
Ритм и Блюз.
Я руки сам на себя наложу -
Застрелюсь.

Папа, ты слушал этот Pink Floyd?
И потом ты принял свой яд?
Папа, где твоя вилла?
Там же, где и твоя могила?

Каждую ночь
Я слышу себя самого.
Короче -
Плохая жизнь - тянет на дно.

Папа, что ты делал во время войны?
Это ты продал им Интернет?
И сейчас продаешь по сети свои загробные сны?
Папа, ты мертв? Тебя нет?

Каждый день я
Играю свой суперблюз.
Там, где живет сестра моя Кайя,
Там же теперь и мой союз.

Мама, я хочу, чтобы ты умерла
Непременно позже всех нас.
У тебя есть добро, суррогат зла,
Которого хватит разделить на всех вас.

Каждое утро мы
Вспоминаем твою доброту,
Стартуя с невеселой струны,
Обходя твой дом за версту.

Мама, твои референты в страхе от твоих бумаг,
И ты прячешь их в сейф.
Где ты заправляешь свой кадиллак,
Там оставляешь ты королевский шлейф.

Каждый восход я вижу
Только один циферблат.
Так на хрена мне твой город
В котором всем правит блат.

Мама, ты выжила, поздравляю,
Ты научилась учить уроки.
В сущности я плохо знаю
Твои коктейли и натуральные соки.

Р Э П (V)   (детство героя)

Кто-то сказал мне, что нужно каждый день
Прослушивать не взирая на стресс
Intergalactic Boogie Express.
Но как же это по-вашему так?
Когда мне слушать мой любимый Laibach?

Но я серьезно всем доверяю,
Кто любит меня и кого я понимаю.
И я буду делать все что мне скажут
И совершу интеллектуальную кражу,
Если меня не накажут.

Мне заморочили голову старшие меломаны.
Я попрошу у любимой рок-мамы,
Что живет в нашем доме на первом этаже
И объявила себя святой здесь и уже,
Разрешение слушать Нирвану.

Мой старший братан - крутой мэн,
Пострадавший от перемен,
Влюбленный в железнодорожный буфет,
Которого в природе не было и нет,
Наложивший на пластинки Заппы,
Уже давно, свои грязные лапы...

Сказал, что после Фриппа
Он желает живого джаза.

Но Фрипп - такая зараза.
И я в свои двенадцать лет
Как сукин сын похоже влип.
И хотя мне хочется броситься под танк
Буду тайно слушать весь грязный панк.

ГОРОДСКИЕ ПЕЙЗАЖИ

- 1 -

Лежа в Сибири на пляже
Около искусственного пруда
В июле каждого года один раз
(а бывает так, что и два раза даже),
Я и ты, мы могли бы легко отказаться
От соблазна разнообразных форм труда.

Я живу среди городских каменных стен.
Я от любви готов отказаться совсем.
Ценой невскрытых невспоротых вен.

Среди мертвых сооружений
Нет ни холода, ни тепла.
Я один здесь сгораю до тла.

Среди городских сетей
Технологических коммуникаций
Все они левых огней продолжают бояться,
А также боятся на рукаве черных лент.

Я здесь сгораю до тла,
Не надеясь на перелет
С моего острова
На технически оснащенный ваш континент.

- 2 -

Технический желтый сплин, сплюнь, слуга машин.
Светлому чувству всегда ты бываешь рад,
Но виртуальный эрзац секса просто ад.
Батюшка, добряк, в комиссары пошел бы
Не бесили бы эти псы его, как бы.

Но, тот у кого все есть, пляшет вприсядку
Всегда, когда попадает в свою десятку.
Плохой стрелок храпит ночью, обнажая кость.
Ничего не поделаешь -ах- пришла старость.

Натуральный виноград пошел на вино.
Так лучше луне и звездам влезть в окно.
Половины зубов уже нет у меня,
Но есть кое-что еще как у коня.

Я отшельник городского пейзажа.
Отшельнику ни к чему женские ласки.
Что тебе может присниться гаже
Черной кружевной промокшей подвязки.

- 3 -

Святая ложь,
а также и святая правда
похожи на научный метод
советы и услуги предлагать клиенту,
при этом оставаясь наблюдателем
в позиции за кадром
как караулит у паутины паук.

И волчья суть иной доктрины рыболова душ
и сущность милого ягненка,
которые торгуют оба волею судеб
товарами по ассортименту,
суммируются, по правилам не менее святой науки
в конгломерате коллективном,
как гадюка и уж.

- 4 -

Черные стены над черной рекой
Сохраняют душевный покой.

Светлые дни и светлая память
Тормозят сползание вспять.

Я жду Твоего тепла и жду Твоего света
Для Моей жизни поэта.
Из урбанизации нервной системы
Я извлекая тяжелые темы.

Звезды напоминают про день,
Становящийся вечным.
Между Тобою и Мной силу храпит
Поток скоротечный.
И вдаль уносит остатки сомнения
О том, кто есть Ты и кем еще стану Я.

- 5

Но, оратор,
Тебе заказали бы старый минуэт,
Ты это знаешь, но в моде
Сейчас стильный твист.
И твой иезуитский костер
Жарко и ярко пылает,
Как будто швыряют в огонь с терновых
Венков высохший и уже бескровный лист.

Хей, комиссар,
Ты тайно голосовал
За подсказанный аналитиком фьючерс,
Да и самостоятельно правильно вычислил
Денежный курс.
И твоя политика демпинг - верняк,
Потому что ты сам давно
Уже не мальчик - сопляк.

Хей, оратор,
Ты врубился умело и подло
В реальное зрелое дело.
И сквозь прорезь
Оптического прицела
Наблюдаешь смешные прыжки.

Да, господин комиссар,
Тебе не без пользы пошли
Те уроки, которые я не сумел полюбить,
Когда мы вместе учились в спецшколе,
Эти твои дурацкие ораторские кружки.

И, оратор,
Ты понимаешь что подсказка суфлера
Должна быть ясна.
И чтобы плавность игры не пострадала
Ты готов предложить
Небольшой гонорар
Даже мне.

Хей, пес,
Твоя жизнь до ста лет
Есть хорошая практика тех,
Кто продолжает быть волевым.
И это также хороший урок
Для калеки
На дне.

* * *

Определяя время
по дальним часам,
допуская возможность
частично дать псам
святыню,
я протягиваю свою правую руку
огню,
но и вода помогает,
под водою легче дышать,
в тысячу первый раз давая обет
в пустоту не говорить никогда, из-за скуки,
молчать и слушать:

вот, прорубая свое новое окно,
русская Шехерезада и русская Скарапея
шепчут друг другу, блсднея,
и очень натурально вздыхая,
что - ах, да - раздобыть бы побольше им
земного елея,
а потом уж, глядишь, бог с ним,
все будет равно.

Но все это сказки для
бедного маркиза де Сада,
а этих барышень не спасет - ах, нет - ограда
ни какой-нибудь церкви,
ни иных крепостей,
потому что не видно становится им,
исчезающих в большом океане за горизонтом,
больших кораблей,
и, больше чем светильников в храме
от светильников осталось теней,
а из этого вашего, мать его, божьего града
все спасаются методом незавершенного водопада,
и никогда здесь не будет места
ни царю, ни его невесте.

* * *

по правилам, которые
придуманы не мною,
а может быть дождем,
моей игры с тобой вдвоем,

я жду уже давно, когда же
нас станет, наконец-то, трое,

но, невозможно абсолютно точно
предсказать со звездных островов
опасного удара направленье,

и я обязан отказаться от тревоги, чтобы
как можно достовернее предвидеть старт,
и обороны местные установить ресурсы
в критической для всей моей стратегии позиции
моста, соединяющего наши
разбитые сердца целесообразностью
военного поста, и логикой железной
плана,

в угоду настроению негоже
под ночным дождем
рыдать, а то, похоже
не почувствовать с восходом
солнца радости прощенного
греха, и можно превратиться
в жертву жалкую магнитного
тумана.

* * *

Спасибо Вам, моя любимая мамаша,
тогда, когда я Вашим патриотом верным,
помню это ясно, был

и пионером краснощеким,
еще тогда надежно закопал
на дне души сомнительные архетипы,

но, как теперь хочу я
раскопать следы убитых
мыслей и желаний,
чтобы источник наслаждений

и счастья для меня воскрес,
а героин и алкоголь
лишь суррогаты есть
сиреневого Кришны, а более

простые компоненты
неизвестны мне,
хотя, моя любимая мамаша,
остались, знаете ли, чувства de ja vu,

которые, как следствие
циклонов Ваших месячных,
континентально резких,
черт их побери,

меня бросают в краску
и на новые грехи одновременно,
как, впрочем, и каналы телепередач
мамаша Ваших, регулярных,

но только Ваш, мамаша, высший суд
способен оценить мою земную жизнь,
ведь я летал, отчасти абсолютно
бесконтрольно, над территорией

огромной Вашей, и за ее пределами
дышалось мне легко, что было
Вами мне запрещено, но хорошо
известно, что метеосводки лгут,

и можно делать то, что очень хочется
в стране иной, стандартизации улыбок
на основе надежно закрепляемых
на челюсти фарфоровых протезов,

в стране коррекции садистко-мазохистких
девиаций и гиперсексуальных срывов
и слабых юношеских форм шизофрении
с участием больного терапевта консультанта,

и кафедры союза, утвердившего патенты,
но, что касается меня, мамаша, то
не верю я нисколько в модные эксперименты,
а также в инвестиции в ментальный спорт,

накушавшись и с Вашего стола,
мамаша, Вашей милой медицины,
я собираюсь с этими делами
завязать и сесть в реальный самолет,

заветный аэробус счастья детской куклы
Буратино, и знаю я, что страхом
поперхнусь, как леденцом аэрофлота
мертвого СССР и, меня наверное

стошнит на взлете, вследствие
марксистского прикола, злокачественного,
мамаша, но, как эвтаназии укола,
я ожидаю фею из страны волшебной Оз,

которая мне, может быть, поможет,
развязать, затянутый на шее Вами,
милая мамаша, железный
красный галстук пионера.

* **

В стране, где царствует фотофилия,
Мне тоже выгорело счастье небольшое.

В Негеве: вспоминать
О холодах и стуже.

В Хардуфе: скушать
Оккультистский ужин.

И в Хайфе мне бахаи рады были.
В Египте женщины особые меня любили.

Я заходил и в Лувр и в Прадо.
Какие только я не получал награды.

У будки *мацаля* я загорал
На Средиземном море.

Имел я лишь худую *саль клиту*,
Которую я трижды сорок раз утроил.

* * *

я знаю: опять здесь
много личного кода
но что мне предпринять
если этот код: свобода

я понял: Вифлеем
автономная зона
мотоциклиста шлем
тоже: его корона

ты: не любишь арабов
хотя ты сам был татарин
после паспорта ксерокопии
стал: новый еврейский парень

но мне: опять среди молекул
старого душевного гноя
не обрести ханукального
благополучия и покоя

альтернативная: паранойя
скольжения от мертвого до
средиземного моря
и указатель мне: на черное дно

лисе в пустыне
полагается бонус:
сладкие *суфгамиот*,
но и мне, отныне,

светит солнечный конус
и Он умереть мне здесь не дает
где-то тыгыдымская лошадь скачет
горячо копытами стуча
и опять к моей тетради нет
не найти простого ключа

* * *

мои физические раны
локально кажутся большими
мои локальные проблемы
мне кажутся почти святыми

мои душевные нарывы
по мерке общества ничтожны
и все духовные порывы –
мои – почти что невозможны

твои красивые застежки
штаны поддерживают прочно
твои кудрявые подружки
рассчитывают встречу точно
твои застенчивые детки
наследуют твои пороки
и наблюдаешь ты как в клетке
сидят безумные пророки

твои блестящие застежки
штаны удерживают крепко
твои раскрученные дети
по цели бьют на редкость метко
твои компьютерные игры
запрограммированы точно
и все твои слоны и тигры
свой знают корм обильный сочный

* * *

В этом поле весь я
растворяюсь как мертвая соль,
а о том, о чем нужно молчать,
я всегда хотел говорить,

для тех, кто слушал меня
мои слова были – боль,
а болеть не хотел никто,
все хотят, в лучшем случае
спать, в худшем – любить,
и труднее становится мне
продолжать говорить...

Я превращаюсь в кристалла
цветок, в осязаемый глазом
монолит, и на части целое не раздробить...

но я, признаюсь, что устал
и хочу возвратиться
домой, где теплое солнце мне
посылало гонцов бунтующих сил
и меня Его свет воскресил,
хотя кого-то Его свет убьет,

в вашем море я растворяюсь как соль...
Нес Гадоль Хая – не для меня эта роль,
но я частица фантастически малой длины
и не воспринимает меня ваш глаз,
но Здесь лепят с меня тайный алмаз
небывалой величины...

* * *

на святой земле
много чудес
много священных вещей
много умных святош

здесь можно найти знаки любви
можно найти и знаки огня
холода снежных полей
чернота городских этажей
черные тени
черной тоски
теперь уже
не для меня

на святой земле много тепла
мне не хватает тебя
мне не хватает руки
твоих светлых святых

ЭПОХА ВОДОЛЕЯ

как хорошо иной весенней солнечной порой
сухое горло минеральною водой
прополоскать и проглотить без колебаний
усилием замедленного кадыка: пилюлю
для решения проблем существования
острейших:

экономического чуда
исцеленья проблем
любимой и родной семьи,
позолоченную и сладкую конфету:
которую предложит вам
улыбчиво начальник хам,

иная V.I.P. с большим и гордым животом,
или не очень важная персона, но,
хоть и мелкий *менахель*, зато
продвинутый придаток телефона,

иной big chief с сигарою мясистой
поперек кривого рта, ссылаясь на гарантии
битуах леуми и факт известный всем со школы,
что в нашем обществе евреев давным-давно бомжи

безжалостно истреблены:
всех *гоев* инородцев истребило
третье направленье гуманизма,
но – впрочем – Sinanon – для них –

ульпан гиюра – как зло приемлемое –
остается в силе, поскольку все отлично
понимают, что сами мы – евреи – в печку
не хотим, хотя огни печей еще пылают:

мы умираем – иногда – то здесь, то там,
но твердо понимаем то, что разведение огня –
традиция в числе святых заветов нашей *Торы*,
которые всегда приумножаем – мы – день ото дня!

мои – мне – круглые очки
(
которые еще совсем недавно Beatle
Джон напялил в знак протеста интеллектуала,
на этом шоу зашибая капитал
)
напоминают мне о девочках
с дороги монастырской из теста
свежего студенческого бунта
(
и где бы я не жил – они мне память о
моей святой земле – Христа невесте
)
и я надежно защищен и вечным банком *Леуми*,
и желтой субмарины виртуальным люком :
я обожаю бороздить глубоководные поляны,
где земляника на базальтах не растет, но
есть там подогретые вулканом пестротканые
ковры морского грунта

все для полета в пустоте
оазисов восточного пространства
(
как тяжко мне бывает
подниматься всякий новый раз
по денежной нужде в ваш город золотой –
никто кроме меня не представляет,
где я обязан быть беседер – keep in order –
составлять по случаю всех мертвых душ реестр –
всего того, что запах серебра мой *тлуш маскорет*
сможет – где-нибудь успешно подхватить
)

но, замечал еще столетний барин Лев Толстой,
народ велик, а рядом бдит Наполеонов рой,
и, если бы народ еще тогда, сумел свою игру
построить правильно, познав крестьянскую виагру,
то, может быть, теперь он не ходил босой,

а нынче социум иной
с большим достатком,
в котором перемешан ежедневный
сладкий страх со счастьем
ежедневно тоже сладким,

своей валютой твердой может оплатить
для всей планеты час потехи: минет -шоу,
законсервированное в присутственных
местах с известной горько-сладкой
– на платьицах нестиранных – струей
(
теперь уже: ты
говоришь или молчишь
мне дела никакого нет
до твоего пустого рта,

так: веселимся оба
– мы с тобой –
и заплетаем косы
зубастой девке смерти
)

но социальная прозрачность
что иному пламенному сердцу,
что холодному уму –
одна огромная обуза:

не уследишь за каждым и за всем
на нескончаемой войне
(

да иной шпион несмелый не в состоянии
сдержать в подвалах Фрейда самого себя!
)

да и совсем другой
получится расклад,
когда подумаешь о том, что в космосена рейде уже стоит эпоха
Водолея,
хотя быть может это старый бред
-моих-попов с набрюшными крестами и кадилом,
что после смерти кто-то – там на небе –
нам – за нашим гробом – широко глаза
открыть поможет
(

что толку рассуждать о том, какими мы
могли бы стать, когда одни лишь штампы
вдохновляют, а убивать они – увы – не могут
)

спасибо, *адони*, за деньги, и прости:
надеюсь то, что стал я кланяться
по случаю – тебе – опять –
за милости – тебя – благодаря,

не означает то, что это бред
-мой-депрессивный заструился как елей,
как слюни и вина мои-на стенде для электрошока
на новую поверхность жизни нового *оле,*

каким бы не был ты bull shit,
-мой-вор кошерный (и бандит),
в корзине общей -ты-рискуешь жить со мной

и, может быть, мы захотим друг другу улыбнуться,
и, если сказки наши нам помогут, то, когда-нибудь:
-по случаю -домой к себе вернуться.

* * *

Моя земная паранойя
Испепеляет неземное.

И в ожидании душевного покоя
Я расправляюсь и со всеми
И с самим собою.

Моя земная паранойя
Испепелила все земное.
Я поведу Вас за собою.

Туда, где Небо жаркое и злое,
Где медленно умрут мои герои.
Там героическая леди,
Смеясь, чтоб слышали соседи,
Кроила модные модели,
Не говоря о настоящей цели.

Ее герой блокады Ленинграда,
Кому вся жизнь его
Одна малина сладкая
И долгожданная награда,

Затеял как-то спор со мной,
О том, что если правильно прочесть
Вольтера,
То будет легче совладать с судьбой.

Но сочинения другого сорта
Начал я читать,
И пострадала в результате
Моя Сознательная Ноосфера,

Увы!
Хотя... как знать...
Быть может и...
Ура!

Моя земная паранойя
Испепелила неземное.
И там, где небо жаркое и злое
Теперь живут мои герои.

Моя земная паранойя
Испепеляет все земное.
Я позову вас за собой,
Туда, где умирают гои.

Я знаю, Бог Израиля тебе милей,
Чем идол Азии, лукавый Будда.
Зачем зовешь меня ты за собой,
Мой христианский поп?

Что может быть правдивее,

Чем твой земной высокий сан?
Но уху моему услышать веселее
Игривый звук
Любимой мантры.
И формулу заветного коана.

Мой глаз охоч до черноты
Прямоугольного окна
В сознание художника.

И брата
Моего...

Хочу коснуться там
Его мечты.
Герой давно уснул,
Он спит на почве чистой совести,
И отшлифованной морали,
Но ждут его другие вести.

Они идут.
Как Чингис-Хан, Наполеон и Гитлер.
Они бодрят и освежают моего богатыря.
Пророки иногда не лгут.

Но сон героя охраняет
Всех тех, кто им любим.
И может быть, они, его друзья, и
Не умрут

АСТРАЛЬНЫЙ КАПИТАН

У лета душного
Миндальные глаза
Пронзительно открыты.

Часовщики – свои колеса
Ювелиры – золотые цепи
Поднимают.

Хозяин южной жизни
На продажу выкормил
Большого злого крокодила.

Министр в кипе рукою теплой
Своему народу подписал
Большую жирную мивцу.

Астральный капитан
Изрядный вкус находит
В тайнах темной
Каббалы.

Здесь в этой маленькой стране
Легко влюбиться можно
В праздники и вечное
Веселье…

Здесь сумасшедшего Христа
Целует в губы
Всякий умный
Фарисей…

Астральный капитан
Устраивает жизнь.
А также, он устраивает
Смерть.

Астральный капитан
Исследует живых.
И, параллельно, капитан
Использует себя.

Когда почти не спит,
Страдает от тоски,
Он знает: мозг разбит
На хрупкие куски.

Две стороны угла
Не он соединил.
Душа его пухла.
И горн его остыл.

Он знает: дух земли
Скучая ждет день краха.
Тяжелый опыт праха
Холодные угли.

Астральные бойцы, на некоторые
Посмотрев возможные миры,
С Луны и Марса спешно
Возвращаются домой.

Но дома: грустно
Снова делается им,
И взгляда женщин
Бегут…

Спроси у них:
Где мы? И где Иерусалим?
Они глазами
Скажут…

TRASH BIN

"Дыхание его из золота и золотого дождя: так хочет сердце его.
Что ему до пепла, дыма и горячей пены!"   Фридрих Ницше

Где-то в Тель-Авиве Аялон
Ушел под воду.
Где-то в Яффо у арабов
Спячка кончилась погромом.

Сабры все принарядились
В черный Diesel
Проамериканских
Патриотов.

Лета, оказалось,
Было
Мало
Всем им...

Стоя под дождем
Октябрьским...

Ожидая *трэмп*
Случайный
В *скинии*
Бетонной.

Я заболеваю
Ностальгией...

Я припоминаю
Духа утомленного
Больничный карантин.

Я тоскую
По горшку и каше,
По большому столбняку
Всех высококультурных наших.

Заковыристой морали
Русской хитрой сказки,
Издыхающего рок-н-ролла
Для издохшего козла без маски.

Песням
Для рассеянной
Любви, целующей
Trash bin…

СМЕРТЬ АСТРАЛЬНОГО КАПИТАНА

Астральный капитан
Собрался в дальний путь.
Он в Антарктиде хочет как-нибудь
Жениться на пингвине.

У бога Англии дождливой нет
Для капитана крепости или хотя бы дома,
Но лучше дождь, чем умереть на дне
Сирийско-африканского разлома.

Там черный дух
На Хаг Самеах
Merry Christmas
Подменил…

Украинский
Репатриант
Святое Сало
Украины Ел…

Там русский оператор
Крепко верил в
Заговор
Евреев…

Там левантийский недруг
Русскоговорящих ортопедов
Мочил таких как я
Но приглашал к обеду…

Космические ритмы хороши,
Но времени осталось мало
На все исследования Души.

Теперь уже не до игрушек
Интернет-портала,
С арабских старых улиц *Иерихо*
Астральный капитан, с тоской,

Высматривает брешь
Среди утесов, сжавших
Каранталь поганый, сладчайшей
Складкой плавающих континентов.

Там рубщик дров
С черпальщиком воды
Не говорят – почти что ничего.
Но только подло мстят.

Там тень дождя.
Там грустный Соломон
Подглядывал, как жены
Неродные шли в народ.

И ублажали неродных богов,
И древним идолам
Подлейшим образом
Размазывали деревянный рот.

И старый город
Без арабов невозможен,
И без твоих вожатых
Невозможен тоже.

Там вертикальный гонщик
Размышляет – как же –
Наш пикник?
Останемся без урожая?

Там истерическая
Шавка – сионист
На христианскую собаку
Ворчит.

Какая святая игра!
Многомыслие и небылицы.
Все мелькают больные лица
С вечера – до утра.

Вот Индия.
Вот Китай.
Поцелует меня
Цветочный рай.

И я когда-то был новатор,
Ты знаешь, мой учитель Ж.П. Сартр.
И я – как все – любил ходить в театр.
Теперь я просто стар.

И я не знаю
Сколько же мне лет?
И сколько лет я жил?
А сколько – нет.

Там проклятые города
И проклятые короли.
Ведь мы могли,
Но не сказали – да.

ЕГИПЕТ

-1-

У фараона
Этот тихий день
Помечен иероглифом
В папирусах писца.

Большой Хозяин
Умереть не может просто.
Он позабыл давно своих
Священных псов и птиц.

Теперь он верит,
Более чем всем жрецам,
Таланту каменщика,
Умным инженерам.

Пока еще я ем
Салат из горьких трав,
И в пухлом хлебе винную
Нечистую закваску.

Пока еще моим сиротам
Я рассказываю только сказки,
Но я обязан праотцам моим
Моей тяжелой древней кровью.

Еврей пока еще не понимает
То, что он еврей.
Огнем пылают
Рубцы плетей.

Кому, скажите мне, мои друзья,
Тщеславия большая пирамида,
Грубый камень
Помогает жить?

Мой замысел иной.
И план мой нелегко осуществить.
Я научить хочу моих людей
Себя – самих – любить.

-2 -

Горяч и сух песок пустыни,
Но благодатен Нила плеск.
Его подарки хорошо известны всем.
Все это: наших глаз веселый блеск.

Но тусклая Луна,
Усопших лун веселая подруга,
Сегодня снова не одна
На черном небе злого Юга.

Луна – стара,
Но помнит хорошо
Последнюю кататонию Марса,
Юпитера и Фаэтона ссору.

Гермеса, спонсора
Моих египетских торговцев,
Подавшихся поближе к Солнцу,
Не принимающих ни эту ночь,

Ни эти звезды,
Влюбленных в Свет
И голубого Неба
Вольный Ветер.

-3 -

Твой лев с твоим лицом
Болтает слишком много.
Все знают твой тотем,
Тотем единорога

Мой ангел алфавита
Грешит неполнотой,
Но все, что им забыто,
Хранит и наш покой.

Расплющенный иероглиф
Украсит твой ковчег.
Земле несет небесный бег
Подарок: баснословный миф.

-4 -

Нежнейшие плоды
Тяжелого труда
Во рту растают,
Утоляя голод.

Но мало кто знаком
С другой работой,
Злом песчаных дней,
Стеклом таинственного груза.

Там продвигается тяжелым шагом караван
За солнечную дверь востока.
В предчувствии земли обетованной он
Уступит северным морям свободный шлюз.

Юпитер – прав, в который раз
Марс стал опять бессильно красен.
Война – забава для египетских зверей,
И результат войны богам не очень ясен.

Там наступает время для письма.
По звездам вычисляют сонные жрецы
Свои технологические сроки,
Но есть и те, кому в Египте не до сна.

Предчувствуя иные формы
Новой жизни и свободы,
Проснулась ночью фея солнечного дня,
Евреям удлиняя годы.

Многоречив пророк, но грех
Его отмечен в черных списках
Хранителями государства и закона:
Бедняга мнит, что он умнее фараона.

Луна все более грустит,
Когда ее ущерб заметен
Южному Кресту,
Но в будущее все же верит.

Пергамент сохранит
Ночные эти тексты,
Пока огонь свечей
Горит.

-5 -

Венера думала о формах жизни
Для своих морей и океанов,
Хотела взять взаймы,
Но кое-что придумала умней.

Не так, как старшая ее подруга,
Земля, что все родит по кругу,
Не зная в этом ясной меры
Свои материальные химеры.

Венера не любила
Подлости и полумеры,
И гордо объявила
Символ новой веры.

Когда одной душе
Нужна душа другая,
Чужая воля может
Уступить.

Для этого
Достаточно
На самом деле
Кого-нибудь любить.

В природе невозможно отыскать
Два одинаковых предмета,
Но, чтобы сходство между ними знать,
Не следует бояться Света.

И Фаэтон последний друг холодного Урана
Сказал комете, покидающей последний круг:
Я вызываю боль и причиняю раны,
Но для тебя, запомни, я как прежде друг.

Мой мир не принимает чистые идеи,
Осколки обмельчавшей веры.
И молодой Земле, а не состарившейся Гее,
Мы сообщим, где и когда применим меры.

Наш друг Сатурн Луне проблему объяснит
И зафиксирует ее магнитный взгляд
На островах с веселыми детьми,
Наследующими веселый древний сад.

-6 -

Мой жребий:
Слышать голоса.
Мой южный крест: холодного
Огня, далекая свобода.

Мои колодцы:
На границах четырех пустынь
Хранят на дне своем
Ушедших рас забытые святыни.

Быть может здесь душа моя
Переживет тысячелетний вихрь беды.
И уцелеет плоти кость
Для будущего воскресенья.

Часть целого сильнее,
Если часть свободна от греха.
Нил лишь река,
Есть реки и озера в Галилее.

Смеется тихо старая Луна над суетой,
А дальние ее друзья смеются зло.
И если кто-то мне закроет рот мой,
Смех и шутку оборвет...

Я Богу моему молитву направляю.
Он эти пирамиды и кресты сожжет.
Но то, что вечности я посвящаю,
Меня переживет...

ПРОЗАК

прозак Blues пустой звук
глуховастенькому уху
коньяк да суп
в кулацкой семье
где последние
звери Ницше
орел и змея
по римской моде
тридцать три
злых Я

осьминог и краб
и какой-то русский леший
ну очень человек хороший
но пеший
прямой
арсений
сергей
аркадий
jude hej
vav hej

Фройд еврей
внимательного уха стетоскоп
высокого Hebrew
знаки Зодиаказнаки из города Цфат
jude hej vav hej

ловля душ на Луне на севере и на юге
игра с природой и игра с человеком
самоубийцы на дискотеке
самоубийцы в аэропорту
где-то немного смысла
где-то немного ислама

Блез Паскаль исписался
никто его не хочет
никто его не читает
да он просто умер
сдох как собака как

бедный
трезвый
Спиноза

и поэтам страдающим
в газовой камере номер один
проказой псориазом похмельем
эзотерическим расизмом
полущелочным
полукислотным
бредом от газа
и курения
все ясно
богам
спасибо

только черная кровь
веселится
четки да бусы
не то Кришна
не то искуственный интеллект
все в горле застряло
комком пузырем шишкой
свиным шашлыком

мне хорошо
но не удается сбить самого себя
с ног Гельдерлином и его
любимой Элладой

спят соловьи. чирикают
не в рифму
и редко

в доказательство
что слоны разговаривают
целыми днями
между собой
J. Lennon герой
за D. Bowie M. Jagger горой
voulez vous cousher avec moi

кто-то помышляет
грамматику выше всего
бесконтрольного стихосложенья
а кто-то не очень-то этому верит
но кто же отменит цензуру
у цензора внутри головы
не то старец Зосима
не то бен Мухамед
странная цель
цивилизации
номер один

отвлечет
неорепатрианта
и в Израиле и в Фаластыне
от наполнения кошелька
где-то в Санкт-Петербурге
на лучшем в мире www-сайте
ЛСД ДДТ ДЖА

фронт
свободы
фронт
моды

рок-н-ролл на старовокзальном
экспериментальном пьедестале
имени тиранозавра шепчет
кричит выбалтывает
свое подсознанье

Будда сидит где сидел
и думает если это вообще
что-то что может думать
что думать не нужно
нужно решать
все вопросы
достойным
смехом
тихим

GHETTO BLUES

в гетто
импульс оргазма
спинные мозги
расслабляет

империя
возрадуйся
харе
кришна

наш паровоз
в коммуну не поехал
у машиниста белая
горячка с ностальгией

а я жую
остатки рябчика и запиваю
эликсиром
нации

вскрываю
пласт традиции
серпом и молотом
кидаю в стены нож

у экстрасенса
тоже страх
у барышни его
позор поноса

и фурункулез
и рак
мой давний враг
а также друг врага

вдруг ни с того и ни с сего
лишаются натурализма
горит далекая звезда
маслосырбаза

и по рукам ползет
зараза псориаза
пластичный сибиряк
не пьет одеколон
он дрессирует
черного кота
и хочет гладить
белого котенка

емелю посечет
вдова с нерусским бюстом
клава
проходит так вот так

земная
слава
в подземном
замке я торчу

и как шестнадцатилетний
под телефонный секс кричу
не то я жертва декаданса
не то я конь иезуита арамиса

кусает мне глаза
щекочет усиками нос
как в цирке
оруэлловская крыса

и прапорщик уральский
на меня таращит
воспаленные
глаза

начистил золотым песком
левша на бис
дуэльные пистоли
вы в кибуц *эль-мис*

летите самолетами *эль-аль*
с душою клоуна
навеки распроститесь
и в море средиземном

не топитесь
я здесь и ем сыраго осьминога
не поминая всуе
имя бога

сибирский нежный зверь
ален делон одеколон
в сибири задарма
адреналин на карме

выпивает
его сибирская кибенемать
пытается его ласкать
хотя ему на все плевать
на удочке спортивной не мормышка
не блондинка мышка но блесна
поддразнивает в синей речке
щуку пьяным разговором

о том и сем
и золотой пескарик
прыгает в садок
как в сказке

русского поэта
в садок запрыгнул
золотой малек
осекся

а я жую
остатки кулебяки и барана
и запиваю импортным
холодным квасом

твой паровоз
в коммуну не повез
и машинист болеет
ностальгией

афроамериканский враг
еврейскую дорогу в ров
разведывает по каналу
электрорассылки

иосиф флавий
мой еврей
все что сумел
про иудейскую войну

по историческому кругу
послал по почте
римлянину
другу

* * *

ВЬЮГА

кровососущим зверьком
археология бабочка воспарит
над пустынями юга
в поисках царства
давидова злобно
сморкаясь
английским
дождем

с Голан к Нетании
катится вьюга
и не на линии боевого огня
а в театральном окопе
роботы бросили плюс
минус очко человеки
с учетом страны
исхода ловца

Среди Горящих Цветов...

«Исключая плюс, включая минус»
«Плюс на минус дает освобождение»
«Многоножка сгорает в огне»

- 1 -

Кровососущим зверьком
Археология воспарит.
Ни саркофага, ни пирамид
Нет у Дома Давида.

Дикорастущим в тумане болот
Орхидеям англии – пепел – ничто.
Зеркало без отраженья
В нем – перемен.

Антропофаг, пожиравший
Суть изменений,
Себя, золотые
Карьеры.

Русский балет и золотые техники
Укрощения плоти.
Апофеоз украшения россыпи
Ленских каменоломен.

Уху и глазу – ветер прибой море
Тонкий орнамент арабского тела.
Летняя роза – ах! – падает вниз
На ковры и самолеты.

Голубые пеплы телекультуры
Марсианские патрули
На вечерах литературы вокруг
Керосиновой лампы.

На чаеразвезочных комбинатах
С умным пролетариатом
Дворник беседует, или начальничек
Лекцию скажет на тему.

Электронных машин и
Слайды нежные ставит
О красных вещах Дали и Матисса,
Для комментария обществом знаний.

Мистером Знайкой из детского мира.
Там многоножка смешливая плачет моя.
Мозг из башни на небо взлетает.
Ревет реактивный психоз.

Или колоколами
Падает вниз из окна
На тротуары.
(
моя многоножка смешливая плачет
сухими слезами
и не горит
)
В Англии выбрали мистера Бина
Нерелигиозным святым.
В Бога не верую, но голосую
За христианина.

Маяковского крупное тело
Улыбается в Сталинске Лиле.
Много страдало цингою оно
И безопасной душой.

Меломаны, мегаломаны.
Русские тексты мешают в коктейле
Бродского с чувственным джазом
В литературном салоне Натании.

- 3 -

Археология воспаряет
Кровососущим животным.
Пепел идей и понятий, английских
Болот, орхидеям – nihil, цепи нулей.

Нет саркофага,
Нет пирамид, но зеркало
Без отражения в нем
Себя самого – антропофага.

Русский балет. Болотится золотом
Техника укрощения плоти.
Нобеля апофеоз каменоломни
Ленских приисков россыпь романса.

Ветер на небе, моря прибой.
Тонкий орнамент ласкает глаза.
Светлая проза радует уши.
Догорает – отец! – Вавилон.

Розы падают ниже и ниже.
Нужно проще мыслить, словами.
Будто щипешь копченую рыбу.

А в момент просветления печень
Сама позовет негодяя к барьеру.
На золотом крыльце запалит
И семисвечник. И свечку.

Душит хитрый пастух Голиафа
Опять, и опять, и опять, и опять.
Но: ночь останется с нами.
Скрывается за ограждениями.

Город чужой
В дельте старого Нила.
Непокоренная плоть
Танцует лямбаду.

Куст загорелся и стлел.
Все мы любили
Нашу империю в возрасте нежном,
Я ли – ах! – не любил?

Я мутирую. Странной мутацией.
Цензор стал кратким.
Лучше горит вся моя
Многоножка – громче, и громче, и громче.

Бешеный бык догоняет быка.
Зевс и Европа любили друг друга.
Грелись на вулканической магме.

Цезарь и Брут издалека
Льнут в неотразимом грехе.
Им на пиру подают четырехкамерный орган.

Черепок из Помпеи укрыт
В неаполитанском музее под
Стеклянной крышкой витрины.

Шепот сирийский шепчет
Умри, и умри, и умри, и умри.
Моцарт – аранжировщик со стажем
Перечисление делает нотами.

Русский барин гитарной игрою
Прокомментировал Карамзина.

Вишня из соловьиного сада,
Как и прежде, неалчно цветет.

Бродский завоевал, наконец-то!
Для себя херсонский колхоз.

Ваня Паппюс наконец-то прочел!
Выучил всю еврейскую хохму.

Моисей Магомету в лесу
Перечисляет сухие сомнения
В множественности божества.

Бог Саваоф заповедовал скрыть
От еврейского люда трижды
Неверное Слово Спинозы.

Прошлому – стоп.
Жениха Солнца – казнить.
Доктрину – разбавить водицей.
Реквием – утверждаю.

Ваня Паппюс книгу еще почитает.
Книгу закроет, меч самурая
Возьмет, вспомнит
Абзац.

Где-нибудь в секторе Газа,
Где быстро сходятся к цели.
Да практически все ваши,
Детали рассудка.

Среди горящих цветов
Темный ангел чужие слова
Произносит.

Опыт ограничений свободы.
Опасность коллапса берега рек.
Клише культуры и моды.
Альтернатива-ось зверь-человек.

Комплекс портного чердачных ашрамов
Гонг буддийского монастыря.
Мэтром, чья могила не родина – шар,
Воскурения палочек рая.

Мозг шаровой молнией ищет
Контакт и доступы к силе.
Упиваясь запахом дыма.
У могилы отцовского дома.

Комбинированным ароматом
Кукушками блудного сына.
Моряк заплачет и
Отыщет клише.

Самоубийства достойный резон.
Способ смазки желания жить.
Воскурение и воскресение
Вечной весны и Алтая.

Мэтр распахнет
Ноев ангар.
И не верю ли ему?
Я?

ГРАФОЛОГ

ты чувствуешь,
как теплая рука моя
тобой играет так неосторожно,

но, после шока, как
расшифровать твой урожай, твою ладонь?

графолог мой придворный
свои усталые мозги,
прополотые галопиридолом,

раскинет как шатры
над свитками твоими,
и что он сможет там

найти, за три свои
полтины серебром?

не разгадает он
твои загадки старые
числом 613,
как знать?

пусть Бог наш общий простит мою
хулу на все твои святые шашни,
но если научился я и сам прощать,

то я прощаю,
а для тебя, насколько я могу предположить,
нет ничего святого, кроме собственного я,

и я не мог тебя не ненавидеть,
но понимаю, что не поднимется моя рука,
что не убью, пока.

* * *

Мне мил мой остроухий брат
И мил мне друг луноголовый
И всякий мне бывает рад
И закаляет дух здоровый

Когда жениться я не смог
Они мне заменяли ласки
Молочный кушал я творог
И иногда им строил глазки

Товарищ В.Л.К.С.М.
Давно уж стал хорошим шведом
Я тоже колбасы поем
Животик свой накрою пледом

Мой дядя скажет – ты еврей
И мог бы жить как все евреи
Но этот дядя – сам злодей
Ему как раз петля на шею

Побыть со мной совсем не смог
Тот, для кого мой голос сладок
И кошке я отдам пирог
Мой серый друг жирен и гладок

СОЦИАЛИЗМ

- 1 -

Пусть
плохи – люди;
Бог – хорош.

Бог сотворил им тучные стада.
Бог сотворил и пастухов.

А также:
Божье творение люблю:
Цветок в горшке.

Рука умелая рисует натюрморт,
Но мне милее:
Живой пейзаж.

Я где-то слышал, что
Любая собственность
Есть – кража.

Давно все поделили все
На высшие и низшие сорта.

А также:
Белые штаны – мои –
Люблю я.

Хорошо порою в них – моих штанах –
На теннисный явиться корт
Be socializing.

- 2 -

Счастливый ниггер
– happy nigger –
Тоже сотворит себе гиюр.

По мне он лучше, чем
Какой-нибудь *ноцри*,
Но хуже злой и сумасшедшей
Русской бабы-дуры.

А также: я и сам из тех.
Из красной профессуры –
И выбрал *хаг самеах*,

Поменяв мандат на *ришайон*.
Я преуспел
На ниве *никайона*,
И *метапелет* – золотой мой –
Друг *оле*.

А также:
Я люблю уроки физкультуры.
По мне, чем *синагога* – лучше
Тренажерный зал.

Я где-то прочитал,
Что всех арабов родила *Агарь*...
Но старый *Авраам* хотел
Произвести народ от старой *Сарры*.

Я лично тоже есть – хороший результат
Селекции народа и дали мне пароль.
Я по протекции устроен в Божий сад.

И мне досталась роль –
to be socializing.

- 3 -

На почве отдыха
И праздника большого
Возможно тронуться умом...

Конечно, хорошо,
Когда живешь, не зная: как оно,
Попасть в гестапо лапы.

Каналы кабельные хороши,
Но сеют иногда печаль и страх.
И много на ушах лапши.

Компьютер – телефон – бесперебойно
Подключает к сайтам паутины,
Но на звонки нормальные
Порой ответа не бывает.

Но к гоночной езде.
Моя привязанность не пропадает.
Я много думаю о ней – моей езде –
И выживаю be socializing.

- 4 -

Наивно полагать,
Что я – еврей – готов
Весь мир поставить
На колени и заставить
Целовать наследство
Уважаемых пророков.

Весь этот бред
Посттехнотронный
Придумали не мы,
А наши оппоненты и враги.

Наивно полагать,
Что я – еврей – континентальный –
Кошмар гонений пережив тысячелетних,
Идею поддержу безумного интернационала.

Ведь это надо знать,
Что мой исконный враг
Припрятал краденые арсеналы
И тайно молиться? Опять – лжеобразам.
Моя задача – выжить – решена.

Теперь: примером всем нам.
Служит Ротшильд – состоявшийся богач.
Который был отнюдь не чужд
Филантропии, совершив немало добрых дел
Для голодающих – на сдачу.

Я тоже – дам – да и гораздо больше.
Давал, даю и буду очень много еще
Давать, давать, давать: be socializing.

- 5 -

Сегодня: я и моя тень,
Мы – отдыхаем.

Сегодня: зимний день,
Когда мы понимаем:
Все мои прогнозы неточны
И все мои угрозы безопасны.

Могу распоряжаться жизнью,
Собственной, но ограничен
Рамками морального закона.

А что до социальных
Правил и программ,
То лучше я отправлюсь прямо
В банк: платить моим юристам...

Иным моим речистым
Соловьям, скворцам и попугаям
Мало – обычных чаевых – и понимаем,
Что закон нормальный:
Ты – ненавидишь;
Ненавижу – я.

Но исключение: моя
Родная и любимая семья.

Согревшись у семейного костра
И встав из тепленькой постели,
Я снова на охотничий простор
Иду to be socializing...

- 6 -

За каждый прожитый
Благополучный день
Я Богу должен посылать
Налог: молитву.

Ведь это я от Бога получаю
Все: и основные чаевые я
Отдам посредникам Его
В богоугодном заведении.

Да я и сам
Поклонник
Не последний.
Глубокой веры.

Ведь лучше
Не придумали пока еще
Устройства для контроля
Нормальности,

Чем в Божьем Храме –
Эта ваша
Управляемая
Совесть.

Голодных и рабов на этом свете
Не было, и нет, а есть
Вопрос единственный
To be or not to be socializing.

ИДОЛ

Работа есть
В закрытой зоне
Снует умнейший комендант
И ставит часовых у входа в склеп
Вытаскивать железными тисками
Из детского кармана кулачки

Крон-принца куфия толстит
Он благородно мстит
И жмет в присутствии
Свидетелей на пальцах
Золотые кольца

Последняя
Надежда наших на
Операцию
Багдадский цыц

Дешевые погоны лейтенанта
Пока он мочит Рамаллах
Оплачивает русская маман
Из Иерусалима
Плачет и рыдает
Вся в слезах

Английский сплин
Расстроен этим
Он пробрасывает
Свой футбольный мяч
В своем беспроволочном
Клубе
Лихо

Но в склепе мумии
Работа есть всегда

Железный часовой чекист
Таскает из карманов детских руки
Железными щипцами разжимая кулачки
И твердо приглушая звуки

АННА ИВАНОВА

Дона Анна, Анна Иванова.
Радио с морзянкой отбивала в дождь.
Папенька за печкой. В ридикюле деньги.
На заре носила венчики из роз.

Правду, Нюрка, правду расскажи матросу.
Нету в портсигаре вкусных папирос.
Папенька опух и почернел в колхозе.
Так раздухарился от тяжелых доз.

Дочь Ивана, Анна, муфта с пистолетом.
Красным подсинила шею от ушей.
Отварила травы. Выкопала ямы.
Половину папке, половину мне.

Донна Анна, вспомни! Ты еще свистела.
В поле головой лежала на бревне.
Хлопнула майора. По любви хотела.
И коня в конюшне чистила во сне.

Полкану, собаке, многия победы.
Лекцию, удавку, пианино в холл.
Щурый председатель, Ленин, накартавил.
Фараонов ящик да еврейский сор.

Мне от бога много. Не пеняй, касатка,
Бедному магеру не уйти с поста.
Раздувай кадило. Виноградник сохнет.
Нашему комбату веру во Христа.

Одному
Границы белоснежный лайнер,
А другому
Вовсе угольный сарай.

Здравствуй,
Анна! Горько!
В черной хате танцы.
Пляшут белка, стрелка, юрка и егор.

У испанки розы. У Егорки маки.
Тама летом елка, а зимой кранты.
Это у Колумба корабли и планы.
У еврейки детки. А у Нюрки ты.

СВОБОДНОЙ...

После прочтения книги о Янке Дягилевой

Свободной Франции душа
В арабских опиумных ласках,
В притонах, в танцах, в сказках,
Да и в провинции Шампань
Не обнаружила веселье,
Эксперты были дрянь.

Французский дух, помощник галлов,
Арабам местным разрешил
Провинции своей страны взломать
На части, камеры, на клети, и на жилах,
На ремнях, в подвале и в карете
Убить ростовщика.

Российский Александр, полуорел,
Хотя и выиграл войну,
Хотя героем слыл 12-го года,
Российскую Наташу заколол ножом,
А в жены взял какую-то немецкую кухарку,
Раскручивать какие-то дела.

И все, что позже там произошло,
Шарманщик полюбил снимать в кино,
Крутил на студии ссср совок,
И запрещал крутить рулетку,
И торговал какое-то крепленное вино
Под небесами в клетку.

Ни то гвардейского порыва,
Ни то партийного развала
Не выдержала полудура, стала
На праздниках кричать: ура! ура! ура!
И папины остроты и цитаты
Бросала в лицо врага.

Немецким ребятам вопрос: как же так?
Что? Жизнь заместитель серьезной игры.
Если война, и в русское вольное поле
Нагрянет крестный ход марсиан, то как
Том Сойеру, открыть подзаборное дело,
И черным белить красную дверь?

Я и сам в трамвайной сети
Города N весною веслом статуи
Железнодорожной архитектуры
Таранил речную шугу.
Вену руки перекраивал в розу,
Висячую позу.

Я и в чистом поле
Расстилал золотую постелю.
За портвейном бегал из дома.
Рано, рано умирать молодому.
Как нирвана, мой томат
В кармане потел.

Твой космический тигль, ай-люли,
Зверю дикому непереваренный кус.
В соке берез накопился привкус
Владыки, а владыки Всея Руси
Живого холопа закопали в могилу.
Это легкая форма звезд и земли.

Да и я. И со мной русский поэт, мы
Взлетим на тройке на русский тройчак.
В грот Нибелунгов. В сады Атлантиды.
На челноке Ермака, ну на север грести.
Ну свистеть и орать, да могилу Ивану
Копать на берегу чернявой царской кости.

Распаленная вьюгой и югом,
Королевская рота, ну ворчать,
Гнать арапа, холопа на работу,

На берегу океана в шкуру тугую
Стучать. У изразцовых печей
Орда палачей ну мечтать.

В зеркале Лика во сне видят
Сундуки серебра. Собственность
Хая, еврея. Стыдно сказать, стервенея.

Мамин подарок, старая кукла, нужней
В походе в пещеру короля
Зазеркального подземелья.

Будто бы новая крыша мира
Стала расти на Памире.
А, стыдно признаться, в Сибири
Певец и певица захотели
Просто влюбиться и умереть
На концерте в квартире.

Да и сам я. Как Матросов перед танком,
Думал. А зачем? И, темнея, найти хотел
Нужное слово – да или три раза нет,
Ян или Иннея, а потом, стервенея,
Свет Кулибина отключал и топором
Мересьева вырубал стихотворенье.

Да я, и в могиле великих оркестров хотел,
Оперу булькать в ушах, помолясь ученым
Зверушкам мышке, котейке, шакалу,
Сквозь пластину слюды солнце по веку
Размазать. Сообщить письмом
Обо всем в британский музей.

Святым вербным ветрам не помеха весной
Гарь болота. Драгоценная тайная жизнь.
Глаза прогалин, проталин открыты.
Возвращайся тихонько домой.
Я шагаю по шпалам.
Рельсы. Колокола.

Место, где хочешь сыграть,
Обозначь словом «друзья».
Несмотря на усталость, скоморох
Вспомнит самую малость, писк комара
Примет за ангельский хор.
Синие швы вместо губ на пьедестале труб.

Где же ты?
Я топорами так горько
Рубил мое вдохновение в стужу.
Я кричал, пионер, скоморох,
Уходи! уходи! уходи!
Будет все только хуже и хуже.

ОБОРОТЕНЬ

Я, сканируя сети, нашел портреты.
Белый налет. Оборотни.
Вчерашних
Газет.

Каким бы то ни был твой бог
В желтом и алом,
Годен твой слог
Только русским журналам.

Ты сохрани, не скорбя,
Боже, фашистский режим.
Я, сканируя жизнь,
Выбил из ряда себя.

Зовите Мигель.
Или просто Пеле.
Продана, продана мне
Жизнь в седле.

Оборотень
Вложит в руки герою
Новую полосатую дрянь.

Оборотень
Флаги заменит
Без грусти.

Последнее стихотворение в Израиле

Я так устал
От спецификаций
За год,
Что проснулся,
И рад был
Этому сентябрьскому дню.

И с утра хотел
Сочинять стихи,
И бродил по улицам,
Узнавая места, где
Происходили
Со мной невеселые вещи.

Телефонный звонок
В кармане напомнил
Где и что, но
Я не понимал
Убогий язык
Библейских чудес.

И верил, что не случаен
Каждый мой ход,
Но начал чаще молчать,
Вспоминая былое,
Не находя повод
Продолжать.

Ибо все мои речи
Скорбный салат,
И не стоят того,
Чтобы повторяли
Эти речи станков
Обороты.

Но сентябрьский день
Говорил мне другое,
Что найдется особенный час,
Когда уши поймут,
И без помощи книг
Станет больно.

Черепашьи года
Обгонят тигриные дни,
Недосказанным смыслом,
На пьяном затылке
Выступят
Потом.

Там обрывки
Невыученных языков
Не построятся
В песенный ряд,
И утешенье лишь
Яблочный запах.

А сейчас
Я вернусь,
Просыпаясь,
К играм машинным,
Не догонит опять
Облако кайфа.

Снился мне
Черный патруль,
И убитый мной ангел
Шептал - поведи за леса и моря,
Разными, разными
Нас, сентябрь.

Никогда не храни
Черный ворох своих голосов,
Лучше пьяная блажь,
От границы и до границы,
И потребность в вине,
И потребность в оргазме.

Побываешь в раю,
Скажешь вслух
Как ты счастлив
На *рош-а-шана,*
Без наркотиков,
Без пропаганды.

Выбивает из колеи,
Сбрасывает с карусели
Солнечный день,
Простой лист бумаги,
Не говоря о таинственных
Знаках дикарей.

Успокой свою душу,
Новостройки герой,
На мосту переброшенном
В старость, юность твердой рукой
Разводит первомайский
Костер.

Долг найти строчку,
Долг найти рифму,
Для Пушкина осень,
Для Блока весна,
Мотиву уже сорок
Лет.

Как знать?

Посвящается
Александру Рожкову и Игорю Летову

Там Будда и Христос,
И старый вопрос.
Верно ли то, что
Вы лучше, чем я?

Меня летчик без ног
Учил метать ножи.
А есть ли Бог?
Попробуй докажи.

Дорога среди звезд.
Папка алкоголик.
Пухлый дрозд
И ученый кролик.

Деревья доказательств.
Деревья на Луне.
Что же ты, звереныш,
Делаешь на Дне?

Шифер Крыши Мира едет.
Будет всем больней.
Там деревья доказательств
Без веселых корней.

Обрывки доказательств
Злых корней.
Ключи Мира
Из осколков полей.

Среди лесов материальных
И невидимых полей.
Там жизнь краше,
Там жизнь веселей.

От меня останутся обрывки
Доказательств... как знать...?
От меня останутся осколки
Доказательств... как знать...?

Ты все сказал?

В стране СССР
В углу рабочих
В свинцовом раю
Плыли дни и ночи.

Ты все сказал,
Совок безродный,
В подвале
Ипатьевского дома?

Там пахнуло
Небытием после смерти.
Пролетарский кукиш
Против Ницше с плетью.

За все ответили
Дворяне богатеи.
За русские обиды,
За кровавые затеи.

Но кто из нас был
Не без греха?
Еврей выдавливал по капле.
Русский посылал на х...

Сибирская комета
Нефти и газа.
Холодная планета
Мировой проказы.

Not Responding

- 1 -

Я преследовал привидение
И провалился в сновидение.

Мне снился Ленин, хитрый дедушка Ильич,
На Пасху кушал православный он кулич.

И также снился мне Госплан.
Чубайс, залезший всем в карман.

Махал платочком Судаков-Манагер с гор.
И русский панк в Израиле играл Егор.

Ек Макарек дружил с Cocaine Decision.
БГ в петле висел, как Ян из Joy Division.

Художник Барсуков подносит мне шприцы с аминазином
И надевает мне на голову пакет с бензином.

Я просыпаюсь в Верхней Зоне
У доктора Клочкова на балконе.

Передо мною три березы.
Из глаз текут, как будто, слезы.

- 2 -

Теперь я, кажется, проснулся,
Россия, родина моя.
Там я с тобой почти сошел с ума,
Но от дурдома отмахнулся.

Как будто умер и воскрес
An USSR Born Boy
И стал второго сорта здесь
A 20th Century Toy.

Уловка обошлась ценой,
Для православной веры неприличной,
Но стерпит грех полуеврей
За бытие наличное.

Кошерный бы еврей не рад бы был,
Что снизошел из Иерусалима
В basement торонтовки, хотя и скоро
Перебрался в спальный ее район.

А что там делает шомер
Из Тель-Авива русский до сих пор?
Он так и не купил себе бензоколонку
И в утешенье смотрит евро-гонку.

Однако по дороге в Montreal
Я заправляю сранный Cadillac
Продуктами нефтеторговли
Как среднестатистический дурак.

Пора бы всем сменить бензин
На электрические батареи,
Как говорит один советский господин,
Во имя торжества коммунистической идеи.

Благослови, Канада, докторов наук,
Которым интересен Карл Маркс
И каждому пожалуй грант
Достойный бывшей их аспирантуры.

- 3 -

Но скоро мы умрем
И здесь и там.
А Золотое Сердце
Каждый ли отыщет?

258

Ей-богу, я и не хотел
Так долго жить.
От этой старости
Одни проблемы.

И больше ненависти,
Чем любви, познали мы.
И в старости опять
Приходят сны.

Мне снится странный переулок,
В котором странная Рука
Мне достает пластинки Beatles
Из параллельной дискотеки.

Ей-богу, я и не хотел
Завидовать какой-то рок-звезде,
Не ведающей радостей труда
Во имя Славы Добрых Дел.

И, следуя Хорошим Книгам,
Мне следовало полюбить людей
И составлять начать подробный
Моих поступков учетный файл.

Не так уж плохо было колбасу
В своем отечестве покушать
Под звуки мандолин небесных
На честных двадцати квадратах.

Мне снится местный weed,
Не то ли принял дозу героина,
Хотя обычно обхожусь
Стаканом красного вина.

А может быть, все это
Конопля и Мак Сибири.
И мне какое дело
До русского братана-молчуна.

***

Думая о Наполеоне
Не оставляя снежных следов
Слушая радиоволны
И вставляя в ухо bluetooth

Я вспоминаю шинель
Я вспоминаю костыль
Любимое время ночь
Любимое слово сволочь

Сорок лет спустя
Солнце светит не так
Ветер несет не туда
Все говорят не то

Знаки Удачи

Сумев прожить 10 лет 21 века
Оборвав несвободы узы
Разворачиваясь с шоссе Квебека
На Сиракузы

В поисках
Знаков удачи
Спускаясь
С Лаврентид в Аппалачи

Россию никогда не забуду
Переделывая мир
В Сан-Франциско убив Будду
По пути в президентский сортир

В силу inconsistency
Среды обитания
Открывая слот download
Разделяя персональное знание

Среди пещер и нор белых людей
Подключенных в барах starbucks
К библиотекам глобальных сетей

Не каждому убивать
Но каждому любить
Бог молчит, но дает почитать

Монреаль

-1 -

Святой Лаврентий, зря
Ты на решетке парился.
И Генуи мешок
С деньгами охранял.

Теперь здесь нет
Ни гор, ни короля,
Но христиан
Полным полно.

Никто их в этом городе
Не гонит
В клетку с тигром,
Поэтому слабеет дух.

Но вера только прибывает.
И делегаты православного конгресса
В Sainte-Adele всю ночь шумят,
Мешают мне заснуть.

-2-

Китайцев мало,
И собачки мелкие
Как тараканы
В Saint-Sauveur.

Я вспоминал Йок Макарек.
С Деменцией я пиво дул
Когда-то в частном
Видеосалоне.

Во сне dreamcatcher
Ловит черт его, что знает,
То косяк от Беломорканала,
То осетинские усы.

Но если выкурить
Хороший joint
Приснится мавзолей
И павильон ВДНХ.

-3 -

Дорога беженцев,
Точнее Highway
Пересекает весь Квебек,
Не любят англичан французы,

Но вместе недолюбливают
Ирокезов, за то, что их кресты
Они топили в реках,
Пока менталитет

Не стал мультикультурным,
И наш фотограф полюбил гусей,
Индейских женщин
И больших китов.

Какие-то периоды и фазы
В люках моего сознанья,
То хи-хи-хи, то ха-ха-ха.
Змея Цензура ничего не помнит.

-4 -

Я, в Mont-Tremblant, шатаясь,
Проломил почти
Канадский щит,
В грехах своих не каясь.

В грехе предательства
Сирийско-африканского разлома.
Хотя шаги мои тихи
Меня припоминают.

263

На мелких кухнях
Всех больших столиц
Сибири и Урала,
И на схирутах Тель-Авива.

В отеле Queen Elizabeth
Я заказал бы свой bed in,
Но там — смешно им,
То, что я еще один поэт.

-5 -

Кленовый сок
Не масло.
Блин становится
Нерусским.

Я в Монреале пью сухой Chablis,
А не какой-нибудь
Портвейн за два рубля,
И мой земной закончен путь.

СОДЕРЖАНИЕ